Editorial

Liebe Leserin, lieber Leser,

»Gucci ist nicht im Handtaschen- und Schuhgeschäft tätig, Gucci verkauft Träume«, sagt mein Kollege, der Modespezialist Dirk van Versendaal, über die Edelmarke. Sie gehört zu Florenz wie der Dom und der Palazzo Vecchio, zwischen denen sie sich mit einem Museum samt Café und Bookstore selbst ein Denkmal gesetzt hat. Unser Reporter erzählt die Geschichte einer Familie, rachsüchtig wie die Borgias, und eines glamourösen Labels, das sich immer wieder neu erfindet. Florenz ist voll von großen Namen und mächtigen Dynastien. Vieles davon lässt sich nur erahnen, wenn wir durch die Straßen schlendern und die Fassaden prächtiger Renaissancepaläste bewundern. Doch jetzt öffnen einige dieser Häuser ihre Türen: Für ihre Gäste arrangieren Luxushotels exklusive Führungen durch die Uffizien mit Direktor Eike Schmidt oder in die Atelierräume von Emilio Pucci, auf dessen psychedelisch gemusterten Sesseln ich im vergangenen Sommer Platz nehmen durfte.

Ganz bodenständig dagegen präsentiert sich die Küche Umbriens in einem Landhotel bei Assisi, wo unser Team frische Eier und deftige Schweinereien probierte – köstlich, wie Stefano Scatà und Ralf Frädtke versicherten. Unsere Reporter haben die besten Tipps aus Pistoia zusammengetragen, das in diesem Jahr ein wenig aus dem Schatten der großen Schwester Florenz tritt, als Kulturhaupt Italiens. Sie haben die schönsten Weingüter in Orvieto besucht, in Siena hinter die Kulissen der ältesten Bank der Welt geschaut und Restaurants und Hotels getestet – damit Ihre Ferien gelingen mögen.

Ich wünsche Ihnen viel Vergnügen – beim Lesen und beim Reisen!

KORNELIA DIETRICH
Stellvertretende Chefredakteurin

UNSERE FOTOGRAFEN VOR ORT

LANDGASTHOF
Hühner auf Tuchfühlung: Stefano Scatà fotografierte die umbrische Küche auf dem Landgut »Le Silve« bei Assisi

PANORAMA
Nicht ohne meinen Piloten: Fabio Muzzi (r.) schoss die Bilder für unseren Ausklapper aus Ercole Fabianis Helikopter

PISTOIA
Die kleine Schwester von Florenz ist hip! Christian Kerber (unten) kam begeistert zurück – und frisch frisiert

INHALT

Toskana 2017

FLUTLICHT. Toskana-Fotos wie gemalt – hier die Steilküste bei Livorno

KÜCHENKÜNSTLER. Antonio Falcone (l.) und sein Team feiern die Küche Umbriens

FERIENFREUDEN. Ob Landhaus mit Pool oder Villa mit Weinkeller – hier gibt's für jeden Geschmack die richtige Adresse

Große Karte

zum Herausnehmen mit 403 Adressen und Tipps, farblich nach Kategorien sortiert (S. 130)

Großer Rezeptteil

TITEL
Francesco Riccardo Lacomino fotografierte das Val d'Orcia

„Ich will
Urlaub zum
Genießen!"
Das haben Sie sich verdient
Sie suchen „geschmackvolle" Urlaubsangebote und gönnen sich gerne etwas Erlesenes? Dann finden Sie jetzt bei Post Reisen einige der schönsten Genuss-Reiseziele Europas!
Schwelgen Sie in der Toskana im Luxus italienischer Gastlichkeit inmitten der wichtigsten Kulturstätten unserer Geschichte. Lernen Sie die Vielseitigkeit und die Lebensart Südtirols von seiner besten Seite kennen. Oder begeben Sie sich auf eine Entdeckungsreise durch eine der bisher nur Kennern vorbehaltene Weinregion am südwestlichen Zipfel unseres Kontinentes: Portugal. Egal, wie Sie sich entscheiden: Genuss inklusive!
Post Reisen
Deutschland macht Urlaub
Jetzt buchbar unter:
www.post-reisen.de
0228 974 595 46
(Mo – So, 08:00 – 22:00 Uhr)

*primi

TEXT
RALF FRÄDTKE

Neue Läden, schöne Möbel, Festivals, Kurse, Pasta, Bier und schicke Taschen: unsere Lieblingstipps zum Vorfreuen und Nachmachen

APPETITANREGER

KERAMIK Mit handgemachten Tellern, Schüsseln und Schalen aus dem Familienbetrieb Rampini kommt schon beim Frühstück gute Laune auf: Neben den traditionellen toskanischen Mustern in zarten Blau- und Beigetönen finden sich in den Regalen des Showrooms auch von der Natur inspirierte Motive wie leuchtend rote Mohnblumen, farbenfrohe Früchte oder Sonnenblumen. Wer mag, kann den Keramikern in der Werkstatt im Chianti bei der Arbeit über die Schulter schauen und den gesamten Entstehungsprozess kennenlernen, vom Entwurf über das Formen, Glasieren und Bemalen bis hin zum Brennen.
1 Ceramiche Rampini, *Radda, Loc. Casa Beretone di Vistarenni, Strada Provinciale di Molinlungo, Tel. 0577-738037, www.rampiniceramics.com*

SONNE IM GEPÄCK

TASCHEN Die bunt gestreiften Reisetaschen der Marke Brandina verbreiten Mittelmeerfeeling. Hergestellt werden sie aus den Bezügen von Strandliegen. Firmenchef Marco Morosini, Designer, Fotograf und Kommunikationsfachmann aus Pesaro, hatte vor zehn Jahren die Idee, Urlaubsstimmung auf diese Weise einzufangen. Inzwischen gibt es diverse Formate – Messenger-Bags, Shoppingtaschen, Rollkoffer. Ein fröhlicher Gruß vom Strand sind sie alle.
2 Brandina, *Pesaro, Strada della Fabbreccia 40, Tel. 0721-282666, www.brandinatheoriginal.it*

piatti

HIPPE HAUSFRAU

RESTAURANT UND SHOP Alles unter einem Dach: Küchengeräte, Blumen, Möbel, Bar, Bistro, Restaurant – auf 1500 Quadratmetern bietet »La Ménagère«, zu deutsch: die Hausfrau, mitten in Florenz eine originelle Kombination zum Einkaufen und Genießen. Gekocht wird toskanisch mit modischen Akzenten wie Quinoa-Salat, abends finden Events statt, spielt Livemusik, an der langen Bar werden schicke Cocktails serviert. Die Möbel im Shabby Chic passen zur internationalen Kundschaft. Aber auch die Florentiner freuen sich über die zeitgemäße Weiterentwicklung eines Traditionsgeschäfts, das schon Endes des 19. Jahrhunderts die Haushalte der toskanischen Hauptstadt mit schönen und nützlichen Dingen versorgte.
3 4 **La Ménagère,** *Florenz, Via de' Ginori 8r, Tel. 055-075 06 00, www.lamenagere.it*

*primi piatti

EXKLUSIVE ERLEBNISSE

FLORENZ MASSGESCHNEIDERT Einmal mit Laudomia Pucci in ihrem Familienpalazzo Champagner trinken und das Archiv der bunten Kultkleider (Bild oben) bewundern? Sich von Direktor Eike Schmidt persönlich durch die Uffizien führen lassen? Marchese Antinori zum Abendessen treffen? Solche exklusiven Erfahrungen können Gutbetuchte jetzt in Florenz sammeln. »Firenze – Yes Please« heißt der Zusammenschluss einiger Luxushotels mit einem Team aus Unternehmern und Marketingspezialisten. Da wird beispielsweise den Gästen der eleganten »Villa Cora« (Bild unten) ein Programm maßgeschneidert – individuelle Stadtführungen, exklusive Konzerte, private Besichtigungen und mehr. Das hat natürlich seinen Preis, ebenso wie die Übernachtung in den anderen beteiligten Hotels. Immerhin: Auch wer nicht über einen derart üppig ausgestatteten Reiseetat verfügt, findet auf der Website Anregungen für den individuellen Florenz-Besuch.

5 **Firenze – Yes Please,** *Florenz, Via Scipione Ammirato 100, www.firenzeyesplease.com*
6 **Villa Cora,** *Florenz, Viale Macchiavelli 18, Tel 055-228790, www.villacora.it, DZ/F ab 374 €*

DUFTE IDEE

KOSMETIK Wie duftet das Lieblingsparfum von Caterina de' Medici? Giovanni di Massimo weiß es. In seiner Boutique an der Piazza Signoria verkauft er florentinische Parfums, inspiriert vom Duft-Rezeptbuch aus der Renaissance: »Acqua mirabile odorosa di Firenze«, »Florentia 26« oder »Elisir de' Medici« heißen seine Kreationen. Kleine Flakons ab 20 €, Seifen ab 3,50 €.

7 **Spezierie Palazzo Vecchio,** *Florenz, Via Vaccherecccia 9r, Tel. 055-2396055, www.spezieriepalazzovecchio.it*

BELLA VISTA ZUM CAFFÈ

RESTAURANT Florenz hat einen neuen Aussichtspunkt: Nach jahrelangen Renovierungsarbeiten wurde 2016 das Museo degli Innocenti wieder geöffnet. Es ist ein wunderbares Gebäude, das der große Renaissance-Meister Filippo Brunelleschi schuf. Noch beliebter als die Säle mit Kunstwerken aus dem 14. bis 16. Jahrhundert und die Ausstellung über die sozialen Projekte des »Hospitals der unschuldigen Kinder« ist jedoch das »Caffè del Verone« auf der Dachterrasse. Auf den Tisch kommen hier frische Salate, köstliche Sandwiches und Kuchen aus der traditionsreichen »Pasticceria Robiglio«. Den Blick über die Dächer der Altstadt bis zur Domkuppel gibt es gratis dazu.

8 Il Caffè del Verone, *Terrasse Florenz, Piazza della Santissima Annunziata 13, Tel. 055-212784*

9 Museo degli Innocenti, *Piazza della Santissima Annunziata 13, Tel. 055-20371, www.istitutodeglinnocenti.it*

SALAMITAKTIK

METZGEREI Das schnellste Antipasto: frisch aufgeschnittene Wurst, ein paar eingelegte Oliven, dazu geröstetes Brot. Wer noch etwas Platz in seinem Koffer hat, sollte sich in der traditionellen Metzgerei der Brüder Mocetti in Orvieto eine gut abgehangene Salami in Wachspapier einschlagen lassen. Dann kann er beim Abendessen zu Hause das Urlaubsgefühl gleich mit servieren.

10 Macelleria Fratelli Mocetti, *Orvieto, Via Malabranca 2, Tel. 0763-344737*

*primi piatti

WEIZENKÖNIG

PASTA Schon das Firmengebäude zwischen Fermo und Macerata ist ein Statement: moderne Architektur, viel Holz, viel Glas, gerade Linien. Hier produziert Massimo Mancini eine der besten Pastasorten Italiens. Die Qualitätskontrolle beginnt auf dem Feld: Auf zehn Hektar baut das Familienunternehmen eigenes Biogetreide an und kombiniert dabei verschiedene Weizensorten. Sie werden sorgfältig geerntet, gemahlen, gemischt und zu edlen Nudeln verarbeitet. Das Resultat: Spaghetti, Fusilli, Penne mit hohem Suchtfaktor.

11 **Pasta Mancini,** *Monte San Pietrangeli, Contrada San Rustico, Tel. 073-4969311, www.pastamancini.com*

SCHWARZE MAGIE

ESPRESSO Typisch italienisch: der Duft von *caffè*, das sonore Brummen der Mühle, das zischende Schäumen der *macchina*. Die handtuchschmale Bar »Fiorella« gleich hinter der berühmten Piazza del Campo in Siena schenkt an ihrem Holztresen exzellenten Espresso aus. Auch zum Mitnehmen wird er verkauft: Je nach Geschmack können die Kunden zwischen milden Arabica-Mischungen und kräftigen Robusta-Sorten wählen – und sich ihren Favoriten bei Bedarf mahlen und luftdicht verpacken lassen.

12 **Torrefazione Caffetteria Fiorella,** *Siena, Via di Città 13, Tel. (mobil) 377-1867228*

HARTE BROCKEN

KREATIVKURS Alles eine Frage der Balance: Schon seit Jahren stapelt Carlo Pietrarossi Steine zu gewagten Skulpturen. Oft findet er die glattgewaschenen weißen Felsstücke an der Adriaküste unweit des Monte Conero, »Portonovo-Eggs« heißen sie bei den Internet-Communitys Flickr, Panoramio oder Pinterest. Wer lernen möchte, wie man Steine derart kunstvoll und schwebend arrangiert, kann sich von Carlo Tipps geben lassen oder einen Crashkurs absolvieren.

13 **Portonovo,** *Monte Conero, Kontakt am besten über Facebook, Tel. (mobil) 347-2447749*

LUCCA FEIERT

FESTIVALS Tolle Veranstaltungen finden das ganze Jahr über in der schönen Toskana-Stadt statt, aber von Sommer bis in den Herbst ist Festival-Hochsaison. Der Komponist Giacomo Puccini, Luccas berühmtester Sohn, wird gleich mehrfach gefeiert: im Juli und August mit dem **14 OPERNFESTIVAL** auf der Open-Air-Bühne in Torre del Lago (*www.puccinifestival.it*); mit der internationalen Veranstaltungsreihe **15 PUCCINI E LA SUA LUCCA,** bei der das ganze Jahr über Konzerte in der Taufkirche des Komponisten und in einer ehemaligen Kirche in der Nähe aufgeführt werden (*www.puccinielasualucca.it*); und von November bis Januar mit den **16 GIORNI DI PUCCINI** im Teatro del Giglio in Lucca (Foto) (*www.teatrodelgiglio.it*). Jenseits der Klassik zieht das **17 LUCCA SUMMER FESTIVAL** im Juli mit Rock, Pop, Indie und Hip-Hop ein riesiges Publikum an, 2017 bereits zum 20. Mal. Stars wie Lauryn Hill, Robbie Williams und Mary J. Blige haben sich dafür angekündigt (*www.summer-festival.com*).

TAFELFREUDEN

SCHOKOLADE Bislang haben wir den toskanischen Schoko-Spezialitäten von Amedei und Slitti ewige Treue geschoren. Aber die Süßigkeiten von »Il Cioccolato da Bruco« in Jesi (Marken) sind eine ernsthafte Konkurrenz. Manufaktur-Inhaber Fabio Lenci aromatisiert südamerikanische Edelkakaos wie Criollo und Trinitario mit Sternanis, Kardamom und Vanille, mixt Bitterschokolade mit Adriasalz, Olivenöl oder Chili. Klingt exotisch und schmeckt fantastisch. Wir empfehlen als Einstieg den Klassiker »Fondente Anis«: eine mahagonibraune Tafel aus 72 Prozent Criollo und Trinitario, die intensiv nach Kakako, Anis und Honig schmeckt.

18 Bruco Dolciaria, *Jesi, Via Don Battistoni 11, Tel. 0731-215649, www.cioccolatodibruco.com*

*primi piatti

ES GRÜNT SO GRÜN

GARTENKUNST Iris Origo war eine beeindruckende Frau. Die irisch-amerikanische Schriftstellerin wuchs in New York und Fiesole auf, verliebte sich in den zehn Jahre älteren Antonio Origo – und in die toskanische Landschaft. Sie engagierte sich für Bauern, Tagelöhner und deren Kinder, veröffentlichte zahlreiche Bücher. Doch ihr Lebenswerk ist der wunderbare Park »La Foce« bei Chianciano Terme. Er beginnt hinter dem Haus mit einem formal strengen italienischen Garten, es folgt eine von Zypressen gefasste Rasenfläche mit kilometerlangen Buchsbaumhecken, dann eine Wiese mit Obstbäumen, Oliven, Pinien und Zypressen, die schließlich in einen Wald übergeht. Je weiter man sich vom Haus entfernt, desto natürlicher und wilder wird die Anlage, die der englische Architekt Cecil Pinsent zwischen 1925 und 1939 anlegte. Rosen und Zitronenbäume verströmen im Sommer ihren Duft. Am schönsten ist es im Frühling, wenn die riesige Glyzinie leuchtend violett blüht. Daran können sich auch Besucher erfreuen: Iris Origos Töchter Donata und Benedetta ließen einige Wirtschaftsgebäude in Ferienhäuser verwandeln und öffneten den Garten für Besichtigungen.

19 **Landgut La Foce,** *Chianciano Terme, Strada della Vittoria 61, Tel. 0578-69101, www.lafoce.com; geführte Besichtigungen von Ende März bis Anfang November, nur nach Voranmeldung, Mittwochnachmittag und an ausgewählten Wochenenden, Eintritt 10 €*

20 *Zimmer, Ferienhäuser und Wohnungen werden auf dem Gelände des Landgutes und in der Umgebung vermietet; DZ/F ab 140 €, Apt. ab 770 €/Woche*

21 *Ende Juli/Anfang August findet auf »La Foce« ein Kammermusikfestival statt: »Incontri in Terra di Siena«, www.itslafoce.org*

PIANO IM WEINBERG

MUSIK Wie eine Fata Morgana wirkt das moderne Konzerthaus, als wäre eine fliegende Untertasse zwischen Olivenbäumen und Rebbergen am Monte Amiata gelandet. Hier in der Maremma findet jedes Jahr im Sommer das kleine, feine »Amiata Piano Festival« statt. Ins Leben gerufen hat es vor Jahren der aus Pisa stammende Pianist Maurizio Baglini. Die Fondazione Bertarelli, eine Familienstiftung, die im großen Stil toskanische Kulturprojekte fördert, war davon so begeistert, dass sie nordöstlich von Grosseto die Konzerthalle errichten ließ und seither das Sommerprogramm unterstützt. Von Mai bis Ende August können Besucher sich verzaubern lassen von erstklassiger Musik in einer außergewöhnlichen Umgebung.
22 **Amiata Piano Festival,** *Poggi del Sasso, Programminfo und Karten unter Tel. (mobil) 339-4420336, www.amiatapianofestival.com*

EISEN MIT HERZ

MÖBEL Haben Sie sich auch schon gefragt, woher die schönen Eisenbetten, -liegen und -tische kommen, die viele toskanische Landhotels schmücken? Nicht selten stammen sie aus der Kunstschmiede Caporali bei Arezzo. Das Familienunternehmen fertigt dort seit 1885 Möbel. Heute führen Monica, Andrea und Daniele Caporali die Geschäfte. Ihr handgeschmiedetes Sortiment umfasst Spiegel, Garderoben und eine Gartenmöbellinie. Wer sich ein typisches Stück Italien für zu Hause wünscht: Selbstverständlich werden die Möbel auch per Spedition verschickt.
23 **Caporali,** *Subbiano, Loc. Santa Mama, 110 A/B, Tel. 0575-487033, www.caporali.it*

*primi piatti

WASSER FÜRS WOHLGEFÜHL

THERME Eines der schönsten Naturbäder der Toskana liegt versteckt im Wald in der Maremma. 50 Grad warm sprudelt das Wasser in Sassetta aus dem Boden, seine Zusammensetzung wirkt wohltuend bei Beschwerden der Atemwege und des Bewegungsapparates. Wir empfehlen den Besuch auch ganz ohne gesundheitliche Probleme: Ein Nachmittag zwischen den Natursteinmauern ist so wohltuend und erholsam wie ein Kurzurlaub. Extratipp: Nach Voranmeldung gibt es spezielle Öffnungszeiten bis Mitternacht für ein Bad unter Sternen.

24 **Terme di Sassetta,** *Loc. Pian delle Vigne, Via Campagna Sud 143, Tel. 0565-794352, www.termedisassetta.it, Eintritt ab 20 €*

LICHT AUS DER FLASCHE

BIER Weil Gianfranco Amadori und Walter Scarpi von keinem Reinheitsgebot gegängelt werden, sind sie bei der Entwicklung neuer Bieraromen kreativ. Ihr Heimatdorf Marradi im Mugello ist berühmt für seine Maronen und sauberes Quellwasser. Also erfanden sie in ihrer Brauerei »Cajun« das Kastanienbier LOM, was im lokalen Dialekt »Licht« bedeutet. Es präsentiert sich im Glas bernsteinfarben, mit goldenen Lichtreflexen, duftet nach Aprikosen und Maronen: Während andere Brauereien für Kastanienbier Mehl verwenden, vermaischen Gianfranco und Walter ganze geröstete Maronen für den würzigen Geschmack.

25 **Birra Artigianale Cajun,** *Marradi, Loc. Popolano, Via Faentina 18, Tel. 055-8044284, www.birracajun.it*

GOLD WERT

KOSMETIK Umbrisches kalt gepresstes Olivenöl, auf Bruschetta oder gegrillten Fisch geträufelt, schützt dank ungesättigter Fettsäuren Herz und Kreislauf. Das war uns bekannt. Eine erfreuliche Überraschung: Das gleiche Olivenöl, zu den Pflegeprodukten von **Oro di Spello** verarbeitet, macht schön und hält jung. Rund um das umbrische Städtchen Spello wird die Sorte Moraiolo angebaut. Diese Oliven enthalten 75 Prozent Ölsäure, die besonders reich an Polyphenolen ist, natürlichen Antioxidantien, die die Haut vor dem Altern schützen sollen. Das Schönheitsöl stammt

aus garantiert biologischem Anbau, wird direkt in der Ölmühle von Spello gepresst und fließt in 20 verschiedene Produkte wie Feuchtigkeits- und Antifaltencreme, Deodorant und Reinungsmilch. 50 Milliliter Gesichtscreme kosten 18,50 €. Erhältlich in umbrischen Aptheken und im Online-Shop. *www.orodispello.it*

KURZ + WICHTIG

TELEFON

Internationale Vorwahl: 0039
Die 0 der Ortsvorwahl muss vom Ausland aus mitgewählt werden. In Italien die Vorwahl auch bei Ortsgesprächen wählen. Mobilnummern beginnen ohne 0. Deutsche Mobiltelefone funktionieren in Italien. Günstig sind auch Prepaid-Karten, z. B. Edicard oder Ricarica Eutelia (im Bar Tabacchi/Sisal-Pay-Point, 5–200 €).

ANREISE

Nach Florenz gelangt man direkt mit Lufthansa von Frankfurt/Main, mit Air Berlin von Düsseldorf und mit Air Dolomiti von München. Pisa wird von Easyjet ab Hamburg angeflogen, von Ryanair (im Sommer) ab Düsseldorf-Weeze, das ganze Jahr ab Frankfurt-Hahn, sowie von Lufthansa/Air Dolomiti ab München. Im Sommer erreicht man Pisa auch mit Germanwings ab Köln/Bonn. Direktflüge nach Ancona mit Lufthansa ab München und mit Ryanair (im Sommer) ab Düsseldorf-Weeze.

AUSKUNFT

Italienische Zentrale für Tourismus ENIT, Barckhausstr. 10, 60325 Frankfurt/Main, Tel. 069-237434, www.enit.it

INTERNET

www.turismo.intoscana.it
www.umbria.org
www.turismo.marche.it
www.rivieratoscana.com
www.umbriatourism.it
http://en.firenze.waf.it
www.italienwandern.de
www.bellaumbria.net
www.toskana.net
www.tuscanypass.com
www.rivieradelconero.info

HOTELPREISE

Zur Orientierung dienen diese drei Kategorien:

€	DZ bis 100 €
€€	DZ bis 140 €
€€€	DZ ab 141 €

Seelen-landschaft

Grüne Hügel und Felder wie Gemälde aus der Renaissance. Bauwerke für die Ewigkeit. dieses unverwechselbare Licht. Zu schön, um wahr zu sein? Nein, diese Fotos haben die

Mustergültig: Wellige Hügel, schnurgerade Rebreihen, das Raster des Olivenhains und Zypressen wie Ausrufezeichen – schon den Malern der Renaissance galt das Val d'Orcia als Idealbild einer Kulturlandschaft

Meisterwerke aus modernen Küchen und alten Weinkellern. Und über allem Magie der Toskana eingefangen – die uns niemals loslässt

Scheinbar schwerelos erhebt sich die Domkuppel vor dem Fenster des Palazzo Vecchio in Florenz. Das technische Wunder aus dem 15. Jahrhundert lehrt die Welt bis heute das Staunen

Kochkunst mit Akzent: Im Restaurant »Arnolfo« in Colle di Val d'Elsa – vom Guide Michelin mit zwei Sternen ausgezeichnet – verstärkt Keitaro Mitsumori aus Japan das Team von Küchenchef Gaetano Trovato

Tonerde, Trockenheit und Erosion formten die markanten Kuppen – wegen ihrer weißen Farbe heißen sie »Biancane« . An der Landstraße zwischen San Quirico und Pienza erinnert das Val d’Orcia an eine sanfte Mondlandschaft

Reife Leistung: Besondere Jahrgänge des Brunello di Montalcino stapeln sich auf der Tenuta Greppo des Weinguts »Biondi Santi« zur Alterspyramide

Auf dem Weingut Fontodi in Panzano liefert eine Herde Chianina-Rinder, die ursprüngliche Rasse des Chianti, Biodünger für die Reben. Und Bistecca alla fiorentina…

Goldrausch: Die Abendsonne flutet die Steilküste südlich von Livorno und lässt die Felsen aufleuchten. Über den Wellen hält das Castello del Boccale seine privilegierte Stellung

Kleine Helden in mondäner Kulisse

In Forte dei Marmi liegen die Geschichten am Strand, sagt der preisgekrönte Autor Fabio Genovesi. Mit Witz und Poesie widersetzen sich seine Figuren dem Ausverkauf des noblen Badeortes

INTERVIEW: **CHRISTIANE BÜLD-CAMPETTI**

Fabio Genovesi, wo genau begegne ich in Forte dei Marmi Menschen wie der kleinen Luna, dem Aushilfslehrer Sandro, dem grantigen Nonno Ferro aus Ihrem Roman »Der Sommer, in dem wir das Leben neu erfanden«?
Ganz bestimmt nicht in den von sämtlichen Blogs und Reiseführern zitierten »Geheimtipps« wie dem »Beachclub Twiga« von Flavio Briatore, wo man tagsüber für zwei Strandliegen unterm Beduinenzelt bis zu 350 Euro Tagesmiete hinblättern muss und der sich nachts in eine VIP-Diskothek verwandelt. Auch nicht in der »Pizzeria da Valè«, wo ich selbst meine letzte Focaccia vor über 20 Jahren gegessen habe, oder auf dem Mittwochsmarkt mit den Wühltischen für Designerklamotten. Um die Vorbilder für meine Romanfiguren zu treffen, reicht es, sich mit offenen Augen und Sinnen durch den Ort treiben zu lassen.

Gelingt das den Urlaubern?
Leider hat man das Hinschauen heute verlernt. Die meisten begnügen sich für ihre Ferien mit Empfehlungen aus dem Internet. Das finde ich bedauerlich! Sollte Reisen nicht bedeuten, sich auf Unbekanntes einzulassen? So wie es Ende des 19. Jahrhunderts die ersten Touristen gemacht haben, die nach Forte dei Marmi kamen. Der Künstlergruppe um den Baseler Maler Arnold Böcklin war der nur ein paar Kilometer entfernte Badeort Viareggio zu zivilisiert. Auf der Suche nach Ursprünglichkeit stießen sie auf das unbekannte Fischerdorf inmitten einer unberührten Landschaft. Sie waren sofort fasziniert von der Magie des Ortes und ließen sich nieder. Aus dem gleichen Grund kamen anschließend Blaublüter und der Geldadel, dann der internationale Jetset, um hier ihre Sommervillen zu errichten.

Können Sie mehr darüber erzählen?
Wie erzählt man Magie? Daran ist bereits Aldous Huxley gescheitert, der nicht genau benennen konnte, was ihm hier gefiel. Er wusste nur, dass er immer wieder herkommen musste, um schreiben zu können.

Was ist die Hauptattraktion?
Das Besondere an Forte sind sicherlich die Kontraste. Vor uns das Meer, hinter uns ein zerklüftetes Gebirge, das bis auf 2000 Meter Höhe ansteigt. In den geometrisch angelegten Straßen wohnen die Einheimischen, die oftmals aus bescheidenen Verhältnissen kommen, Tür an Tür mit den reichsten und mächtigsten Menschen der Welt. Und zwei Monate im Jahr gibt es hier Party ohne Ende, als wäre man in Las Vegas. Danach, von heute auf morgen, landet man im kosmischen Nichts, lebt den Rest des Jahres also wie in Transsilvanien. Viele Häuser stehen leer, und man begegnet auf den Straßen und Plätzen keiner Seele. Selbst dieser sonnige Dezembertag steht ganz im Zeichen der Gegensätze. Im Zentrum ist es brechend voll, weil Schnäppchenjäger aus ganz Italien für den wöchentlichen Designermarkt angereist sind. Und nur einen Steinwurf davon entfernt haben wir den breiten Sandstrand für uns allein …

Abgesehen von einer jungen Frau, die gerade den Strand säubert und das Treibholz zusammenharkt.
Auch das ist ein Kennzeichen von Forte. Woanders überlässt man im Winter den Strand sich selbst. Hier pflegt man ihn das ganze Jahr über wie einen Garten. In der Hauptsaison wird er zweimal täglich geharkt. Viele Strandbad-Betreiber wohnen zudem neben ihren bunten Umkleidekabinen, damit sie ihr Stück Strand besser kontrollieren können.

Ist es für die Einheimischen nicht schwierig, ständig mit diesen Kontrasten zu leben?
Nicht ohne Grund sagt man uns nach, wir wären Anarchisten oder zumindest eigenbrötlerisch – eben wie meine Romanfiguren. Es bedeutet, dass wir unseren Alltag mit großer Intensität leben. Wenn ich etwa an einem neuen Roman arbeite, ziehe ich mich völlig zurück. Ich verlasse mein Häuschen nur noch selten und spreche manchmal tagelang mit niemandem. Die einzige Abwechslung, die ich mir erlaube, ist Angeln, meine Leidenschaft. Oder ich mache lange, einsame Strandspaziergänge.

Und was machen Sie, wenn der Roman dann fertig ist?
Erscheint das Buch, bin ich monatelang auf Lesereise und höchst selten zu

ZUR PERSON
Fabio Genovesi, Jahrgang 1974, lebt in Forte dei Marmi. Er begann seine Karriere als Radsporttrainer, Bademeister, Kellner und Übersetzer. Seit 2008 schreibt er Romane, Essays und Drehbücher. 2015 erhielt er für »Chi manda le onde« (deutscher Titel: »Der Sommer, in dem wir das Leben neu erfanden«) den renommierten Literaturpreis Premio Strega Giovani. Auf Deutsch erschienen:
- **Fische füttern,** *Bastei Lübbe, 2012, 19,99 €*
- **Der Sommer, in dem wir das Leben neu erfanden,** *Insel Verlag, 2016, 16,95 €*

Hause. Mittlerweile wollte ich es gar nicht mehr anders. Um das zu verstehen, musste ich erst ein paar Jahre in den USA und in Mailand leben.

Welche Erfahrungen haben Sie dort gemacht?
Wie alle jungen Leute aus der Provinz hat es mich nach der Schule in die Stadt gezogen. Ich war überzeugt, nur dort könne man kreativ sein. Das stimmt natürlich nicht. Man wird ständig abgelenkt. Für mich ähneln sich alle Großstädte. Kleine Orte hingegen sind alle unterschiedlich. Jeder hat seine eigene Seele. Daher bin ich heute ein überzeugter Anhänger der Provinz. Hier lebt jeder nach seinem eigenen Rhythmus. Man ist gezwungen, sein Schicksal selbst in die Hand zu nehmen, Leidenschaften zu entwickeln und Menschen zu suchen, mit denen man sie teilen kann. Außerdem kann ich ohne Meer, das monotone Anrollen der Wellen und die melancholische Winterstimmung nicht mehr leben. Es inspiriert mich. Dort liegen die Geschichten sozusagen am Strand, in Form von Fundstücken zum Beispiel.

Geschenke, die das Meer bringt, nennt sie Luna aus Ihrem Roman.
Es ist unglaublich spannend, was das Meer so alles anschwemmt! Treibholz, Muscheln, aber auch Kuriositäten wie die Coladose mit japanischer Aufschrift oder das Plastikpaar, mit dem man eine Hochzeitstorte schmückt. Natürlich frage ich mich sofort, wie es diese Fundstücke bis an unsere Küste geschafft haben. Dabei kommen mir dann Ideen für weitere Geschichten.

Geschichten, die Ihre Leser gleichzeitig zum Lachen und Weinen bringen.
Mein großes Vorbild ist der kolumbianische Schriftsteller Gabriel García Márquez. Das Leben im fiktiven Ort Macondo in seinem Roman »Hundert Jahre Einsamkeit« ist aus Schmerz, Wunder und Schönheit gemacht, wie das meiner Protagonisten. Anregungen bekomme ich auch von den alten Männern, die sich in der Nebensaison immer vor dem *pontile* treffen. Komme ich bei einem Kapitel mal nicht weiter, setze ich mich zu ihnen auf die Bank und lausche ihren Erzählungen. Viele haben als Seeleute die Weltmeere befahren, sie kennen das Leben in all seinen Schattierungen.

Aus Ihren Worten spricht eine große Liebe zu Ihrem Geburtsort. Sie können aber auch kritische Töne anschlagen, wie in Ihrem Bestseller »Morte dei Marmi«, den es leider nicht auf Deutsch gibt. Dort klagen Sie vehement und mit viel Witz den Ausverkauf von Forte an.
Ich musste mir den Frust darüber, was in den vergangenen 15 Jahren passiert ist, einfach von der Seele schreiben. Die Marketingexperten der Tourismusindus- →

»Der Ort lief Gefahr, seine Identität zu verlieren. Nun regt sich Widerstand.«

trie, die Orte als Luna Park konzipieren, Feriengäste als Ware sehen und Einheimische als Störfaktor behandeln, ist es gelungen, mein wunderbares Forte auf eine mondäne Ferienkulisse für gelangweilte Menschen ohne Leidenschaft zu reduzieren. Ich frage mich noch immer, wer sie eigentlich damit beauftragt hat. Schließlich konnten wir schon vorher vom Tourismus leben. Leider haben sich viele meiner Mitbürger auf diesen Handel eingelassen und den guten Ruf des einstmals charmanten Küstenorts dem schnöden Mammon geopfert.

Sie meinen damit die russischen Milliardäre, die an der Strandpromenade zahlreiche Grundstücke gekauft und protzige Villen errichtet haben?
Ihr Interesse an Forte hat uns alle überrascht. Wahrscheinlich, weil wir Russen nur aus »Don Camillo und Peppone« kannten – bescheiden, aber stolz. Die Oligarchen entsprachen diesem Klischee in keiner Weise. Sie warfen mit Geld um sich und bezahlten irrwitzige Preise für die Immobilien. Von dem Geld konnte man sich im Ort nebenan gleich zwei Häuser kaufen.

Kein Wunder, dass viele Ihrer Mitbürger nicht widerstehen konnten.
Gravierender finde ich, dass es als Folge dieses Geld-Tsunamis im Zentrum kaum noch Läden gibt, in denen man Milch, Brot, Pasta oder Schreibhefte bekommt. Stattdessen reiht sich ein Luxustempel an den nächsten, mit Prada-Schuhen, Gucci-Taschen und Kaschmirschals. Auch die typischen Trattorien sind verschwunden und durch teure Sterne-Restaurants ersetzt worden. Mehr und mehr ähnelte Forte diesen gesichtslosen VIP-Treffpunkten, die man auch an der Côte d'Azur, auf Sardinien oder den Seychellen findet. Der Ort lief Gefahr, seine Identität zu verlieren.

Hat sich das inzwischen geändert?
Nun regt sich Widerstand. Immer mehr Eigentümer weigern sich, ihr Haus zu verkaufen. Glücklicherweise geht langsam das Interesse der neureichen Investoren, und damit meine ich nicht nur Russen, an Forte zurück. Das war zu erwarten. Schließlich hatten sie den Ort nicht wegen seiner Schönheit gewählt. Sie wollten Exklusivität. Lässt sich die nicht mehr garantieren, suchen sie sich ihr nächstes Opfer. Im Grunde war es also eine Sommerliebe, die bekanntlich nur kurze Zeit anhält.

Was passiert nun mit ihren schon sehr geschmacklosen Megavillen?
Über sie werden wir uns sicher noch länger ärgern. Sie passen nicht zum schlichten toskanischen Baustil. Aber wir sind selbst schuld! Wir haben es schließlich zugelassen. Zum Glück liegen viele dieser Villen hinter hohen Hecken. Wenn ich könnte, würde ich sie abreißen lassen und an ihrer Stelle Bäume pflanzen.

Wie haben eigentlich die Dauergäste und Ferienhausbesitzer auf diese Entwicklung reagiert?
Die meisten haben sich mit uns solidarisiert. Sie unterstützen beispielsweise die kleinen Ladenbesitzer, damit die nicht auch noch dicht machen müssen. Oder sie streichen ihre Häuser bewusst in den traditionellen Farben. Mir gefällt diese Entwicklung, sie zeigt, wie wir Menschen funktionieren: Erst die Angst, Liebgewordenes zu verlieren, bringt uns dazu, uns aufzuraffen und – wie hier und heute – unser altes Seebad Forte dei Marmi gegen die Invasion der Barbaren zu verteidigen.

Mir scheint, ich habe einiges von der Magie von Forte verstanden. Hätten Sie trotzdem noch einen Insidertipp?
Dafür bin ich wirklich nicht die richtige Adresse. Was ich allerdings raten kann: Kommen Sie in der Nebensaison. Auch im Frühling oder Herbst gibt es herrliche Sonnentage. Gleichzeitig haben Sie Strand, Meer und Landschaft oft für sich allein. Dann finden Sie problemlos Unterkünfte oder einen Tisch im Restaurant, zu vernünftigen Preisen. Am besten kommen Sie mit dem eigenen Fahrzeug. Dann sind Sie flexibler. Aber lassen Sie das Navigationsgerät ausgeschaltet. Fahren Sie einfach los, in Richtung Berge. Schon nach kurzer Zeit sind Sie dann in dem mittelalterlichen Bergnest Pruno di Stazzema oder am Monte Forato mit einem Loch in der Felswand. Die Madonna höchstpersönlich soll es herausgebrochen haben, um den Weg nach Jerusalem abzukürzen. Halten Sie unterwegs öfter an, wenn Ihnen etwas ins Auge springt. Zum Beispiel in einer der kleinen Trattorien am Wegesrand. Dort isst man in der Regel gut und günstig. Und sicherlich hat der Wirt oder der Tischnachbar weitere interessante Empfehlungen für Sie. ◐

ANZEIGE

GEO SAISON Reisewelten

Die schönsten Reisen für Sie zusammengestellt.

ab 199 €*
Reisetermine: August – Oktober 2017

Dolce Vita am Gardasee

Kleine Hügel, hohe Berge, liebliche Weingärten, grün schimmernde Olivenhaine und ein azurblauer See – entdecken Sie den „Lago di Garda" mit all' seinen Farben und Facetten.

inklusive Weinprobe

Bei dieser Reise erleben Sie Natur, Kultur und Genuss, unter anderem auf einem landestypischen Weingut, ganz nach italienischer Lebensart.

4-Sterne Hotel West Garda – ab 199€

Lassen Sie die Seele inmitten der einzigartigen Landschaft mal so richtig baumeln und entdecken Sie zahlose Ausflugsmöglichkeiten rund um den traumhaften See. Die weitläufige Hotelanlage mit großzügigem Außenpool liegt am Südwestufer des Sees und ist ein idealer Ausgangspunkt, um die Region zu erkunden.

Beim Besuch eines nahegelegenen Weingutes erfahren Sie Wissenswertes über die Weinproduktion und erleben bei einer Weinprobe den Gardasee von seiner äußerst schmackhaften Seite. Mit der im Reisepreis inkludierten „Promotions Card" für zahlreiche Ermäßigungen entdecken Sie eine faszinierende Region.

ANGEBOT

- **3 Nächte inkl. Halbpension**
- **Idyllische Lage des Hotels im Park**
- **Weinprobe & Ermäßigungskarte**

Ihre Inklusivleistungen:

- **Reisetermine von August – Oktober 2017**
  Alle Termine und Preise finden Sie online
- 3 Nächte im Hotel West Garda im Doppelzimmer
- 3 x Halbpension
- Nutzung des Hotelpools mit Liegen und Sonnenschirmen (bis ca. September)
- 1 Flasche Wein (pro Zimmer)
- 1 x Weinprobe in Raffa del Garda
- „Promotions Card" für viele Ermäßigungen in der Region

Zimmerbeispiel, Hotel West Garda

Weinprobe

JETZT BUCHEN

www.geo-saison.de/reisewelten

oder **0 26 41 – 94 60 74**

Mo – Fr von 09:00 bis 18:00 Uhr

Reisecode: GAR11U3

Foto groß: © Heiner Seidl
Foto klein, rechts: © CandyBoxPhoto II - Fotolia.com

*** Hinweise:**
- Preise in Euro pro Person
- Zimmer mit Doppelbelegung
- 4 und 7 Nächte gegen Aufpreis buchbar
- Sterneklassifizierung des Hotels nach Landeskategorie
- Preise zzgl. Tourismusabgabe

Veranstalter dieser Reise:

htc hemmers travel consulting GmbH

Joseph-von-Fraunhofer-Straße 9, 53501 Grafschaft

Die Gruner+Jahr GmbH & Co KG tritt lediglich als Vermittler auf.

Prächtige Kirchen und Paläste, lässige Läden und Lokale in den mittelalterlichen Gassen, moderne Museen und ein entspanntes, autofreies *centro storico:* Eigentlich schade, dass Pistoia im Schatten der großen Schwester Florenz steht. Zum Glück kommt die Kleine jetzt groß raus: als Kulturhauptstadt Italiens

TEXT **RALF FRÄDTKE** FOTOS **CHRISTIAN KERBER**

Pist

oia*

*ALLES AUF EMPFANG

Kuppeln, Ziegeldächer und toskanische Hügel am Horizont – so malerisch präsentiert sich die Altstadt beim Blick vom Campanile am Domplatz. Wer eintaucht in das Gewirr der Gassen, wird freundlich empfangen: zum Beispiel von Barkeeper Matteo, im »Vinaino del Medio« an der Piazza della Sala

1 Öffentliche Tanzstunde auf spiegelglattem Pflaster: Gekonnt stehlen die Tänzer dem mittelalterlichen Ospedale del Ceppo die Schau. **2** Der Kiosk hat noch geöffnet, wenn in der Via Cavour bereits Ladenschluss ist. **3** An der Piazza del Duomo und der Cattedrale di San Zeno führt beim Stadtbummel kein Weg vorbei. **4** Der Campanile trägt dasselbe Muster im Marmorkleid wie der Dom und das Baptisterium gegenüber. Dort kann man sich nach dem Streifzug durch die Altstadt zur Turmbesteigung anmelden

1

2

4

3

Einen Schnupperkurs in Sachen Marktwirtschaft bekommt man hier jeden Tag: Heute lockt der Duft von Steinpilzen. Gern sehen Touristen den Einheimischen beim Einkaufen zu – der Markt auf der Piazza della Sala gilt als einer der schönsten in der Toskana

1

2

4

3

Einkaufen

FAGNI

IM GRAU-WEISS GESTRICHENEN BAROCK-PALAZZO im *centro storico* liegt die elegante Boutique von 1945. Früher wurde hier Damen- und Herrenmode für Gutbetuchte geschneidert. Doch längst bietet das Traditionshaus Mode von der Stange, darunter italienische Designermarken wie Fendi, Moschino, Valentino.
26 *Via Curtatone e Montanara 6–10, Tel. 0573-250 19, www.fagniboutique.com*

BRUNO CORSINI

GIORGIA CORSINI SCHWÖRT auf die Tradition. Schon seit 1918 produziert die Pistoiaer Familie an der rummeligen Piazza Naschwerk der Extraklasse. Die Spezialitäten des Hauses sind ein gehaltvoller Schoko-Panforte aus Mandeln, Hasel- und Erdnüssen, kandierten Kirschen, Zitronen- und Apfelsinenschalen und Vanille – umhüllt von zarter Schokolade, und weiße Zuckerkugeln mit Anisgeschmack in Form gerollter Löckchen. Das begehrte Konfekt wird nach wie vor in den alten Kupfertrommeln hergestellt, die noch aus der Zeit von Umberto Corsini stammen, dem Gründer der Firma. Auch handgeschöpfte Schokolade, Pralinen in großer Auswahl und sahnige Karamellbonbons sind einfach unwiderstehlich.
27 *Piazza San Francesco d'Assisi 42, Tel. 0573-201 38, www.brunocorsini.com*

NOVECENTO

»SCHADE, DASS HEUTE alle bei Ikea einkaufen gehen«, sagt Marco Bini wehmütig. Er liebt feines Porzellan und Antiquitäten. Und er hat ein geschultes Auge für schöne Designs. Der freundliche Herr könnte zu jedem seiner Schätze eine ausführliche Geschichte erzählen. Er freut sich, wenn Kunden daran Interesse zeigen und seinen Geschmack teilen. Ob das Kaffeeservice von Ginori, azurblaue Teetassen aus den Sechzigern oder goldgerahmte Keramikschalen – jedes Stück ist etwas Besonderes. Und fast alle sind preiswert: Eine handgeschliffene Wasserkaraffe aus dem Jahre 1920 kostet gerade mal 15 Euro, eine Servierschale von 1900 ist für 38 Euro zu haben. Da muss man zugreifen.
28 *Via della Madonna 73, Tel. 0573-36 43 14, mobil 333-761 95 87, 2 Wochen im August geschlossen*

ROSTICCERIA GELLI FRANCESCO

DIE GEDIEGENE ROSTBRATEREI am Corso Antonio Gramsci ist eine Pistoiaer Institution. Seit dem Jahre 1959 bereitet die Familie Francesco Schweinebraten-Spezialitäten, gegrilltes Huhn, Salsicce und Pasta in zahlreichen Variationen zu. Es gibt Panini mit Mortadella oder San-Daniele-Schinken, eine enorme Palette Antipasti und andere Appetithappen. »Alles hausgemacht, selbstverständlich!«, sagt Francesco. Geräucherte Schinken, Salami und Käse aus ganz Italien, Feinkost und Wein ergänzen das Angebot.
29 *Corso Antonio Gramsci 10, Tel. 0573-36 74 87, www.rosticceria francesco.it*

SEED HOMECOMING

IN DER NOBLEN VIA CURTATONE ist dieses exklusive Einrichtungsgeschäft zu finden. Dort betreiben die Designer Alessandro Muratori und Samuele Spadi einen Konzept-Store für modernes

Interieur. Unter dem eleganten Gewölbe bieten die Kreativen einen spannenden Mix aus minimalistischen und nostalgisch angehauchten Möbeln von exklusiven Marken wie Dedar (Stoffe und Tapeten), Key Cucine (Küchen), Foscarini (Lampen), Rimadesio (Möbel) und 14oraitaliana (Fliesen).
30 *Via Curtatone e Montanara 59, Tel. 0573-291 76, www.seedhome.it, Mo geschlossen*

BELMONTE 1938

SEIT 1938 FERTIGT die Textilfabrik Hemden für Herren. Es handelt sich zwar um eine Ladenkette, aber hier gibt es die typischen blauen *camicie*, die jeder Italiener trägt, in großer Auswahl und zu fairen Preisen: das Markenhemd kostet ab 39 Euro. Und schicke Blusen für Frauen gibt es auch.
31 *Via Bozzi 20, Tel. 0573-342 26, www.belmonte1938.it*

SIMONE RASTELLI

DER MESSERMACHER ist einer der letzten seiner Zunft. »Pistoia war schon im 16. Jahrhundert bekannt für seine Waffenproduktion, besonders für die Fertigung von Dolchen. Später kamen chirurgische Präzisionsinstrumente dazu«, sagt der schlanke 43-Jährige. Die Tradition wollte er fortführen. Vor zwei Jahren hat er eine Werkstatt schräg gegenüber der Chiesa Sant'Andrea eröffnet und verkauft Taschenmesser, Koch- und Jagdmesser im traditionellen Stil, maßgefertigte Einzelstücke mit Klingen aus Edelstahl. Fachgerechten Schleifservice bietet Simone auch.
32 *Via Sant'Andrea 24, Tel. 335-563 85 52, Sa Nachmittag und So geschl.*

MARKT

DAS HERZ der mittelalterlichen Stadt schlägt an der Piazza della Sala. Dort, um den Marzocco-Brunnen mit dem sitzenden Löwen, um die Via dei Fabbri und an der Piazzetta dell'Ortaggio findet täglich einer der schönsten Märkte der Toskana statt. Es duftet nach Steinpilzen, Pecorino und reifen Melonen; es gibt Tomaten und frische weiße Bohnen, Schinken, Salami, Maronen, Walnüsse und Honig – ein wahres Paradies für Genießer.
33 *Piazza della Sala (täglich) und Piazza del Duomo (Mi und Sa Morgen)*

ANTIQUITÄTENMARKT

ANTIKE MÖBEL, Kristallleuchter, Ölgemälde, Porzellan und Schmuck gibt es für jeden Geschmack und in jeder Preislage in den Hallen der ehemaligen Waggonfabrik Breda. Dort finden an jedem zweiten Wochenende des Monats – außer im Juli und August – Sammler und Flaneure ihr Glück.
34 *Mercato Antiquario Città di Pistoia, Via Sandro Pertini, Tel. 0573-37 19 05* →

5

6

1+3 Schicke Leuchten, Wohnobjekte und Designklassiker inspirieren bei »SEED Homecoming« zum Heimspiel mit modernem Interieur. **2** »Novecento« – der Name ist Programm: Marco Bini versteht sich auf Porzellan und Gemälde des 20. Jahrhunderts. **4** Boutiquebesitzer Alessandro Fagni, stilecht mit Model, verkauft und trägt die neusten Trends. **5** Die »Gelateria Voronoi« (siehe S. 38) ist stets umlagert. **6** Bei Georgia Corsini (r.) und Verkäuferin Giulia Santini geht Naschwerk der Extraklasse über den Ladentisch

Essen & Trinken

TRATTORIA DELL'ABBONDANZA

»DRAUSSEN AUF DER TERRASSE oder drinnen im Saal?« – Hier wie da gibt es leckere Toskana-Klassiker wie *ribollita* (Gemüsesuppe), Maccheroni mit Ragout, *carcerato* (gekochte Rindsuppe mit Innereien und Brot), Fritto misto aus Huhn und Kaninchen, Schmorgerichte mit weißen Cannellini-Bohnen sowie *polpettine di Baccalà* (Hackbällchen mit Stockfisch-Püree) und Polenta. Dazu trinkt man Weine aus der Region.
35 *Via dell'Abbondanza 10–14, Tel. 0573-36 80 37, www.trattoriadellabbondanza.it, Mi und Do Mittag geschl.*

LA BOTTE GAIA

AM ABEND ist die Atmosphäre besonders stimmungsvoll. Die Osteria liegt direkt hinter dem Baptisterium in einer Seitenstraße, die von der quirligen Piazza della Sala abgeht – also in bester Lage. Qualität und Preise stimmen trotzdem. Ob Gemüsetörtchen, Maccheroni mit Ente (eine lokale Spezialität), Taglierini mit Schwarzkohl, Rindfleisch-*tagliata* mit Kirschtomaten oder Tiramisu – alles wird sorgfältig aus frischen Zutaten bereitet. Gute Weinauswahl. Zum Restaurant gehört auch der Feinkostladen »I Sapori della Botte Gaia« mit Spezialitäten aus der Region und Slow-Food-Leckerbissen.
36 La Botte Gaia, *Via del Lastrone 17, Tel. 0573-36 56 02, www.labottegaia.it, Mo geschl.*
37 I Sapori della Botte Gaia, *Via di Stracceria 4*

ENOTECA BALDO VINO

NIRGENDWO IN PISTOIA habe ich besser gegessen und getrunken. Hierher kommen Einheimische und Weingenießer aus aller Welt. Die exzellent sortierte Weinkarte – mit rund 1000 Positionen – ist über die Stadt hinaus bekannt, die Küche kreativ. Es gibt Radicchio-*sformato* (Soufflé) mit Pecorino, gefüllten Ochsenschwanz mit Entenleber, Kürbis-Ravioli mit Gorgonzola, Ente in Marsala und Fisch in vielen Variationen, etwa Wolfsbarsch-Tartar mit Burrata und gebackenen Steinbutt in Tomatenkruste. Dazu ein Glas Spumante von Ca'del Bosco – was will man mehr?
38 *Piazza S. Lorenzo 5, Tel. 0573-215 91, www.enotecabaldovino.it, So und Sa Mittag geschl.*

FIASCHETTERIA LA PACE

HIER TRIFFT SICH HALB PISTOIA zum Aperitif, bevor die Sonne hinter den Häusern verschwindet. Die Weinbar liegt an einer belebten Gasse auf dem Weg zum Marktplatz, der Piazza della Sala. Emanuele Bugiani hat einen entspannten Ort geschaffen im nostalgischen Shabby Chic. Auch die Küche ist unkompliziert und lecker. Es gibt Antipasti-Teller mit Schinken, Salami und Pecorino, serviert auf Holzbrettern, Pasta und ein paar deftige Hauptgerichte, z. B. Wildschwein-Ragout. Dazu trinken die Einheimischen Vermentino aus ordentlichen Weingläsern.
39 *Via Castell Cellesi 1, Tel. 0573-231 39 und mobil 393-432 84 34*

GELATERIA VORONOI

DAS BESTE EIS WEIT UND BREIT – mit dieser Meinung bin ich in guter Gesellschaft: Den ganzen Tag über schlecken die Pistoiaer *gelato* von Daniele und Massimo Voronoi. Die Lage der Eisdiele ist perfekt, gleich gegenüber dem Dom – kein Wunder, dass die wenigen Plätze auf den Außenmauern immer besetzt sind. Meine Lieblingssorten sind Vanille, Schokolade, Limone und Pistazie, das feine Aromen von den guten Pistazien aus dem sizilianischen Bronte hat. Schön sind auch die altmodischen, etwas verstaubten Schaufenster, die mich in meine Kindheit zurückversetzen.
40 *Via Roma 2, Tel. 0573-172 44 33, www.ristocaffetteriavoronoi.it*

LOCANDA DEL CAPITANO

MAN NEHME KÜCHENSCHRÄNKE aus den 1960er-Jahren, lasse Schinken und Salami von der Decke baumeln, platziere hier ein paar Mehltüten und Kaffeedosen und dort museumsreife Gitarren und Posthörner – fertig ist das Nostalgielokal. Die Stammgäste lieben die leckere toskanische Küche von Checco Bugiani. Der prominente Patron, er tritt gelegentlich als Sänger im Fernsehen auf, bietet im Palazzo des früheren *capitano* von Pistoia frische Steinpilze vom Grill, *pici* (handgerollte dicke Spaghetti) mit Zucchiniblüten, Bohnensuppe, *bistecca fiorentina* und *trippa* (Kutteln).
41 *Via di Stracceria 7, Tel. 0573-247 85, www.locandadelcapitano.com*

IL VINAINO DEL MEDIO

Für den Aperitivo, den Absacker oder zwischendurch: Matteos kleine Open-Air-Bar öffnet irgendwann am späten Nachmittag Fenster und Ausschank. Wein, Cocktails und kleine Snacks werden direkt auf die Gasse gereicht.
42 *Piazza della Sala/Via di Stracceria* →

1

2

1 Alle wollen draußen sitzen: Gleich hinter dem Baptisterium macht die Osteria »La Botte Gaia« die Straße zum Wohnzimmer. 2 Genießer aus aller Welt folgen den Einheimischen in die Enoteca »Baldo Vino«, die für ihre gute Weinkarte bekannt ist. 3 Die Kellnerin bleibt entspannt, auch wenn in der »Fiaschetteria La Pace« bald die Bar umlagert sein wird

3

1

Schlafen

€ VILLA PARRI

SIEBEN KILOMETER vor den Toren der Stadt steht diese Villa aus dem frühen 19. Jahrhundert, aber der Weg lohnt sich. Schon wegen des herrlichen Gartens mit Zypressen, Steineichen, Rosen und Lavendel und dem großen Pool, umgeben von weißen Sonnenschirmen und Liegen. Hinter der gelben Fassade verbergen sich zwei Doppelzimmer und acht Apartments. Alle wirken hell und freundlich, mit luftigen Vorhängen und Bettüberzügen in zartem Blau und kräftigem Rot. Dazu schwere Möbel, Parkett, gold gerahmte Spiegel und Kronleuchter. Besonders schön: das lichte Treppenhaus mit der Kassettendecke. Mein Favorit ist »La Camera del Granduca« im zweiten Stock, mit Aussicht über das grüne Tal. Auch das Frühstück macht froh: Es wird in der ehemaligen Orangerie im Nebengebäude serviert, mit frischem Obst und vorzüglichem Cappuccino.

43 *Via Modenese 206, Tel. 0573-41 70 62, www.villaparri.it, DZ/F ab 90 €*

€€ HOTEL PATRIA

DAS KLEINE HOTEL zwischen der Piazza del Duomo und dem Bahnhof gilt vielen als die beste Adresse in der Stadt und ist oft ausgebucht. Es hat 27 behagliche Zimmer im klassisch-modernen Stil: Sie alle sind mit eleganten Polstermöbeln, breiten Betten, schweren Stoffen und schicken Marmorbädern eingerichtet. Von den Zimmern in den oberen Etagen hat man einen schönen Blick über die Dächer von Pistoia. Am besten hat mir die Suite im vierten Stock gefallen: Sie geht über zwei Etagen und hat eine Terrasse mit Aussicht auf die Kuppel der Basilica della Madonna dell'Umiltà. Im Parterre lädt eine stilvolle Cocktailbar ein.

44 *Via F. Crispi 8, Tel. 0573-35 88 00, www.patriahotel.com, DZ/F ab 129 €, die Garage ist 200 Meter entfernt, Gäste bekommen einen Pass für das Durchfahren der Fußgängerzone*

€ B & B CANTO ALLA PORTA VECCHIA

GIOVANNI BRESCI spricht Englisch, Französisch und Spanisch. So fühlen sich seine internationalen Gäste sofort willkommen, wenn der weltläufige Gastgeber sie in ihrer jeweiligen Landessprache begrüßt. Der Hausherr bietet im zweiten Stock eines großzügigen Palazzos vier individuelle Zimmer: »La Camera Blu«, ein lichter Raum mit Biedermeier-Bett und blauen Nachttischlampen, »La Camera Gialla« im nostalgischen Shabby Chic mit Rokoko-Sesseln, »La Camera Rossa« mit verschnörkeltem Metallbett, rosa Bettdecke und antiken Bodenfliesen sowie »La Camera Arancio« mit romantischem Holzpfostenbett, orangefarbigen Polsterbezügen und kunstvoll bemalter Decke. In jedem Zimmer hat Signore Bresci wertvolle Lithografien, Gemälde und Fotografien aus seiner Sammlung aufgehängt, die eine private Atmosphäre schaffen. Dort habe ich mich in eine andere Epoche zurückversetzt gefühlt.

45 *Via Curtatone e Montanara 2, Tel. 0573-276 92, www.cantoallaporta vecchia.com, DZ/F ab 60 €, zwei Zimmer teilen sich ein Bad*

€ B & B IL GRIFONE

IN EINEM STADTHAUS im *centro storico* hat Sabrina Pagani ein Bed & Breakfast mit drei großzügigen Zimmern eingerichtet. Modernes italienisches Design bestimmt das Interieur. Jedes Zimmer ist in einer anderen Farbe gestaltet und bietet eine Besonderheit. So hat »Acqua« ein Bad mit kleinen, blauen Mosaiken. »Terra« ist in edlen Brauntönen eingerichtet; orangefarbene Lampenschirme verbreiten ein warmes Licht. Am besten hat mir »Fuoco« gefallen – »Feuer«: Es hat einen alten Kamin mit glasierten Kacheln und bietet einen herrlichen Blick auf die Kuppel der Basilica della Madonna dell'Umiltà. Das Frühstück wird auf einer überdachten Terrasse im Hinterhof serviert.

46 *Via Curtatone e Montanara 24, Tel. 0573-97 60 89 und mobil 333-3838483, www.ilgrifone.info/ENG, DZ/F ab 55 €*

€ B & B AL CANTO DEL CAVOUR

DAS BED & BREAKFAST liegt in einer ruhigen Fußgängerzone, nur ein paar Gehminuten vom Domplatz entfernt. Es gibt fünf zweckmäßige, moderne Zimmer – eine günstige, familienfreundliche Unterkunft. Italienisches Frühstück in der Bar im Erdgeschoss.

47 *Piazzetta del Sole 6, Tel. mobil 335-657 53 18, www.alcantodelcavour.it, DZ/F ab 55 €*

€ LOCANDA SAN MARCO

HELL UND KLASSISCH oder lieber mit geblümten Tapeten und verschnörkelten Stilmöbeln? Im Palazzo Caluri haben die Gäste die Wahl. Es gibt fünf Apartments und sechs Zimmer, sie verteilen sich auf mehrere Stockwerke. Einige haben prächtige Deckenmalereien, andere eine schöne Terrasse.

48 *Via Porta San Marco 26, Tel. 0573-219 13 und mobil 393-817 03 17, www.locandasanmarco.com, DZ/F ab 80 €*

€€ ARTE MURA RESIDENCE

IN DIESEM HAUS wohnte im 18. Jahrhundert der erste Tibetologe Europas. Vor ein paar Jahren wurde der Palazzo Fancelli umgebaut, 20 Apartments entstanden. Sie sind unterschiedlich groß, von 35 bis 87 Quadratmeter. Man wohnt mit Antiquitäten und modernen italienischen Möbeln. Mein Favorit: »La Torre« – das Hochzeitszimmer. Es bietet einen herrlichen Blick auf die Altstadt. Besonders schön im Sommer: Es gibt einen großen privaten Garten.

49 *Via P. Bozzi 6/8, Tel. 0573-36 66 98, www.artemuraresidence.com, Apartments ab 110 € (2 Pers.)*

→

€ DZ bis 100 € €€ bis 140 € €€€ ab 141 €

2

3

4

5

1 Cocktail oder Cappuccino gefällig? Die Hotelbar im »Patria« wirkt wie ein eleganter Salon. 2+3 Mit Stilmöbeln, Kronleuchter und Deckenmalereien zeigt die »Locanda San Marco« ihre verschnörkelte Seite; romantisch ist auch der Blick aus dem Fenster auf die Dachlandschaft. 4+5 In der »Villa Parri« außerhalb von Pistoia lässt sich ein Citytrip wunderbar mit den Vorzügen eines toskanischen Landurlaubs verbinden: Garten und Panoramapool bieten Erfrischung nach dem Stadtbummel

1

2

Ansehen

CATTEDRALE DI SAN ZENO

DIESER DOM gehört zu den ältesten Kirchenbauten in der Toskana. Die romanische Architektur entstand im 12. und 13. Jahrhundert auf dem Boden eines frühchristlichen Baus aus dem 5. Jahrhundert. Ihr heutiges Gesicht erhielt die Cattedrale di San Zeno 300 Jahre später. Dazwischen wurde sie mehrfach erweitert und renoviert. Ihre grün-weiß gestreifte Marmorverkleidung und die Arkadengalerie der Fassade erinnern an berühmte Vorbilder, die in Lucca und Pisa stehen. Drinnen präsentiert sich ein dreischiffiger Innenraum mit Säulen, Rundbögen und kunstvoll gemeißelten Kapitellen. Aber der wertvollste Schatz der Kathedrale befindet sich in der Cappella di San Jacopo, die man vom rechten Seitenschiff aus betritt. Es ist der vollständig mit Reliefs verkleidete Silberaltar: ein Meisterwerk der toskanischen Silberschmiedekunst mit 628 Figuren, an dem mehrere Generationen von Künstlern von der Gotik bis zur Renaissance gearbeitet haben.
50 *Piazza del Duomo, www.diocesipistoia.it*

CAMPANILE

GLEICH NEBEN DEM DOM steht der höchste Turm der Stadt. Er ragt 67 Meter hoch, zeigt sich an der Basis als klobiger Klotz und in der Höhe im eleganten grün-weißen Marmorgewand. Der frühere Wehrturm kann im Sommer täglich um 12 und 15.30 Uhr bestiegen werden. Rund 200 Stufen geht es hinauf. Eine Mühe, die sich lohnt: Der Blick über die Stadt und die Toskana-Landschaft ist unvergesslich. Anmelden muss man sich im Baptisterium gegenüber.
51 *Piazza del Duomo, Tel. mobil 392-694 03 15 und 334-168 94 19, oder info@medievalitaly.it; www.medievalitaly.it/pistoia*

MUSEO MARINO MARINI

MIT SEINEN FÜLLIGEN FRAUENAKTEN – die er Pomone nannte, nach der etruskischen Fruchtbarkeitsgöttin – und expressionistischen Pferde- und Reiterskulpturen erlangte der Pistoiaer Bildhauer Marino Marini (1901–1980) Weltruhm. Eine Auswahl seines sehr umfangreichen Werks ist im Komplex des früheren Klosters Sant'Antonio Abate zu sehen: Skulpturen, Teile seines grafischen Werks, Aquarelle und Ölbilder. In der ehemaligen Kapelle des Klosters nebenan, der Ex-Chiesa del Tau, sind weitere Wunderwerke zu bestaunen: Der einstige Betraum ist vollständig mit Fresken bemalt, sie zählen zu den schönsten Pistoias. Die Chorwand zeigt das Paradies, in den gotischen Deckengewölben sind Szenen aus dem Alten Testament dargestellt und Geschichten aus dem Leben des heiligen Antonius, des Eremiten aus Ägypten, der als Begründer des Mönchtums am Anfang des 4. Jahrhunderts gilt: alles in leuchtenden Farben, mit Liebe zum Detail. Die moderne Reiterskulptur von Marini davor bildet den gelungenen Kontrapunkt.
52 *Fondazione Marino Marini, Corso Silvano Fedi 30, Tel. 0573-302 85, www.fondazionemarinomarini.it, Mo geschl.* →

1+2 Der prachtvolle Dom im Herzen der Stadt: Rundbögen und Säulen mit kunstvoll gemeißelten Kapitellen schmücken den Altarraum der Cattedrale di San Zeno, Marmorverkleidung und Arkadengalerie seine Fassade. 3 Männer, Frauen, Pferde und Reiter: Das Werk des Pistoiaer Bildhauers Marino Marini hat ein eigenes Museum im ehemaligen Kloster Sant'Antonio Abate

3

Marino Marini, »Torso«, anni 20, und »Bagnante«, 1996, VG Bild-Kunst, Bonn 2017

CAPITALE ITALIANA DELLA CULTURA 2017

Konzerte, Theaterfestivals, Kunstausstellungen, Sonderführungen und Vorträge – mehrere Dutzend Events kündigt die »Kulturhauptstadt Italiens 2017« an. Ab 8. Juli zeigt die Chiesa di San Leone nach langjähriger Restaurierung die berühmte »Visitazione« von Luca della Robbia; im August, dem traditionellen Ferienmonat der Italiener, wird es etwas stiller, und vom 16. bis 22. September führt die spanische Experimentalgruppe »Teatro de los Sentidos« die Trilogie »Il Filo di Arianna« (Der Ariadnefaden) auf. Über das aktuelle Programm informiert diese – leider extrem benutzerunfreundliche – Website: *www.pistoia17.it*

PISTOIA BLUES

Jedes Jahr im Juli dreht sich auf dem Domplatz und in der Altstadt alles um Blues-, Rock- und Folkmusik. Hier sind schon Berühmtheiten wie Brian Auger, James Taylor und Sting aufgetreten. Infos unter: *www.pistoiablues.com*

LA GIOSTRA DELL'ORSO

Pistoias Version vom Palio: Beim »Bärenturnier« (25. Juli) zu Ehren des heiligen Jacopo treten auf dem Domplatz vier Mannschaften zu Pferd auf, um symbolisch einen Bären mit Lanzen zu erlegen. Infos: *www.giostradellorso-pistoia.it*

AUSKUNFT

Im Tourismusbüro der Stadt (Pistoia Turismo) erhält man aktuelle Informationen, Stadtpläne und vieles mehr.
53 *Piazza Duomo 4, Palazzo dei Vescovi, Tel. 0573-216 22, www.pistoia.turismo.toscana.it*

PARKEN

Das *centro storico* ist von einer Stadtmauer umgeben und lässt nur wenig Raum für Parkplätze. Vom Parcheggio Cellini südöstlich der Altstadt verkehrt der Shuttle-Bus »M«. Weitere Parkmöglichkeiten gibt es an der südlichen Stadtmauer *(Viale A. Pacinotti)*, auf dem Parkplatz Pertini und an der Piazza San Francesco.

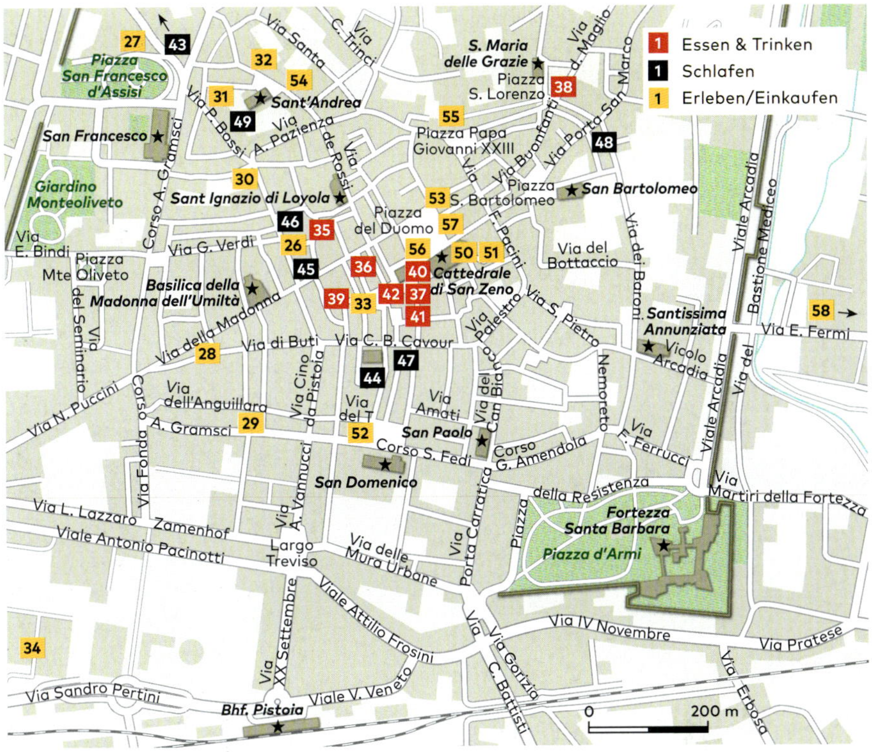

MUSEO PALAZZO FABRONI

Im repräsentativen Renaissance-Palazzo gegenüber der Chiesa di Sant'Andrea dreht sich alles um zeitgenössische Kunst. Dort werden Werke von Kreativen wie Jannis Kounellis, Mario Nigro und Giovanni Frangi in puristischen, weiß gestrichenen Ausstellungsräumen gezeigt.
54 *Via Sant'Andrea 18, Tel. 0573-37 18 17, www.palazzofabroni.it*

OSPEDALE DEL CEPPO

Schon von Weitem leuchtet es blau, grün und gelb. Der farbige Majolikafries zeigt, was Nächstenliebe alles bedeuten kann. Das 1277 gegründete Hospital widmete sich wohltätigen Zwecken: das Kleiden der Armen, Krankenpflege und Gefangenenbetreuung. Ein Meisterwerk von Santi Buglioni aus der Werkstatt von Giovanni della Robbia. Bei der Vorhalle stand Brunelleschis Findelhaus in Florenz Pate.
Das Spezialmuseum des heutigen Krankenhauses zeigt chirurgische Instrumente von anno dazumal. Und wer Pistoias Unterwelt erleben möchte: Gegenüber dem Hospital befindet sich der Eingang zum freigelegten Grottensystem (Pistoia Sotterranea), das mit übereinandergeschichteten Mauerresten von zwei Jahrtausenden Stadtgeschichte erzählt.
55 *Piazza Papa Giovanni XXIII, Tel. 0573-36 80 23, www.irsapt.it, wechselnde Öffnungszeiten*

BATTISTERO DI SAN GIOVANNI IN CORTE

Die achteckige Taufkirche mit grün-weißer Marmorverkleidung vollendet das Ensemble am Domplatz. Es wurde von 1338 bis 1359 nach Plänen des Architekten und Bildhauers Andrea Pisano gebaut. Das Ebenmaß erhebt das Baptisterium zum Schmuckstück. Drinnen überraschen der gewaltige Raumeindruck und die nackte Steinkuppel.
56 *Piazza del Duomo, Tel. mobil 334-168 94 19, www.comune.pistoia.it, wechselnde Öffnungszeiten*

PALAZZO COMUNALE UND MUSEO CIVICO

Das weltliche Zentrum von Pistoia wirkt mit seiner gotischen Fassade im Vergleich zum markanten Campanile zierlich. Aber beim Betreten überrascht der Stadtpalast mit seiner Weitläufig-

GUCCI

BLÜHENDER LUXUS

Die begehrteste Modemarke der Welt hat sich – wieder einmal – neu erfunden. Mit Alessandro Michele, der 2015 als Kreativdirektor antrat, erlebt das Kultlabel ein spektakuläres Comeback. Reichlich Stoff für Dramen bietet die Firmengeschichte, seit Guccio Gucci 1921 in Florenz seine Lederwerkstatt gründete

TEXT **DIRK VAN VERSENDAAL**

Bühne frei: Auf dem Catwalk der Mailänder Modewoche vereint Gucci üppigen Hippie-Style und barocke Pracht – der Sommer 2017 wird bunt und glitzernd

Der Fries am Ospedale del Ceppo illustriert die Nächstenliebe

keit. Im Laufe der Jahrhunderte wurde der mittelalterliche Palazzo aufgestockt und erweitert, wurden ihm Mediciwappen verpasst und eine Verbindungsbrücke zum Dom: Das alles fügt sich zum harmonischen Ganzen. Am meisten haben mir die herrlichen Fresken im Obergeschoss gefallen, zu denen eine breite Steintreppe führt. Dort oben dokumentiert das Museum die Kunstgeschichte Pistoias, vor allem Gemälde aus dem 15. und 16. Jahrhundert, Keramiken und Münzen. Die Meisterwerke von Ridolfo del Ghirlandaio, Lorenzo di Credi, Gerino Gerini und vielen anderen kann man in aller Ruhe betrachten – man ist hier oben häufig ganz allein. Auch das Dokumentationszentrum Giovanni Michelucci ist hier zu Hause und widmet sich dem Schaffen des in Pistoia geborenen Architekten des 20. Jahrhunderts. Der streng geometrische Bahnhof von Florenz stammt von ihm. Der Baumeister ist 1990 im hohen Alter von 99 Jahren gestorben.

57 *Piazza Duomo 1, Tel. 0573-37 12 96, www.comune.pistoia.it/museocivico, Mo bis Mi geschl.*

Die Collezione Gori in der Fattoria di Celle

Eine der schönsten Sammlungen zeitgenössischer Kunst hat der Mäzen Giuliano Gori außerhalb von Pistoia zusammengetragen. Rund um die Fattoria di Celle, ein ehemaliges Herrenhaus im Herzen eines landwirtschaftlichen Gutes, hat der Industrielle einen Skulpturenpark angelegt mit Werken von Anselm Kiefer, Daniel Buren, Sol LeWitt, Richard Serra, A. R. Penck, Mimmo Paladino, Hidetoshi Nagasawa, Robert Morris – das Künstlerverzeichnis liest sich wie ein Who's who der modernen Kunst. Was die Ausstellung jedoch zu einem besonderen Erlebnis macht, ist der wunderbare Park, durch den die Besucher geführt werden, vorbei an einem kleinen See und hügeligen Feldern, durch ein Wäldchen mit Lichtungen und gewundenen Pfaden, und nach jeder Windung des Weges gibt es Neues zu entdecken: Wie eine große Echse aus Stahl liegt plötzlich »Grande Estruso« von Fabrizio Corneli vor mir. Dann der von einer Lanze getroffene Marmorkopf im Wasser, den das französische Künstlerpaar Anne und Patrick Poirier in einem Teich platziert hat, die kopflosen Bronzekörper von Magdalena Abakanowicz, die sich über ein ganzes Feld zu schieben scheinen, die Linie aus weißem Beton, mit der Dani Karavan meinen Blick durch den Bambuswald zum See leitet …

Giuliano Gori erwarb sein Vermögen als Tuchfabrikant in Prato. Vor mehr als 30 Jahren begann er, Künstler in die Fattoria di Celle einzuladen, wo sie Werke für diesen sehr speziellen Ort schufen. Seine Ausstellung geht im Teehaus, in der Voliere und im Gutshaus weiter. Wer hier im Rahmen einer Führung ein paar Stunden verbracht hat, möchte immer wieder kommen!

58 *Loc. Santomato, ca. 5 km von Pistoia, Tel. 0573-47 94 86, www.goricoll.it; der Eintritt ist frei, das Anmeldeverfahren jedoch etwas umständlich. Der Besuch muss lange geplant werden: 6 bis 8 Wochen im Voraus melden sich Interessierte per E-Mail zu einem festen Besuchstermin an. Besuch von Mai bis Ende September, nur mit Führung, täglich außer So und Feiertage, um 9.30 Uhr und 14.30 Uhr, im Juli/August nur morgens. Bequeme Schuhe empfohlen!*

Mit »Grande Ferro Celle« von Alberto Burri sieht der Besucher gleich zum Auftakt rot. Rund um die Fattoria di Celle hat der Mäzen Giuliano Gori einen spektakulären Skulpturenpark angelegt

Drachen und Nieten, Blumen und Schlangenhaut, ein Mix aus gestern und morgen – in Mailand präsentierte Gucci seine fantastischen Vorstellungen für den Winter 2017

Schillernde Frontfiguren der Modeszene – Gucci-Kreativdirektor Alessandro Michele und »Vogue«-Chefredakteurin Anna Wintour begutachten eine Balenciaga-Schau in Paris

D

Da nennt man die schönsten Ateliers der ganzen Stadt sein eigen, hat Aussicht auf die Piazza della Signoria, den Palazzo Vecchio, und Michelangelos David steht gleich nebenan. Für die Besucher des Palastes gibt es ein Café, ein Museum, einen Buchshop, sogar Neuauflagen der Klassiker des Hauses liegen in den Auslagen – doch gekauft werden die eher selten. Denn direkt vor der Tür und an jeder Ecke breiten illegale Händler kopierte Waren auf den Bürgersteigen aus: billige Gucci-Taschen. Gucci-Uhren. Gucci-Gürtel. Es ist ein ewiges Katz-und-Maus-Spiel zwischen Polizei und Händlern.

So geht es in Florenz seit beinahe 50 Jahren – der Verkauf gefälschter Luxusmarkenprodukte wurde gewissermaßen an Ort und Stelle erfunden. Damals, in den 1970er-Jahren, patrouillierte Aldo Gucci, der Sohn des Firmengründers, durch die Straßen von Rom und Florenz; er kaufte den Händlern ihre Waren ab, um sie anschließend gleich wegzuwerfen. Wann immer er einer Frau mit einer gefälschten »Envelope« oder einer nachgemachten »Jackie O«-Tasche begegnete, wies er sie darauf hin. Auf die Gegenfrage, wie er da so sicher sein könne, gab er gewöhnlich zur Antwort: »Meine Liebe, wieso erkennt eine Mutter ihre eigenen Kinder?«

Es dauerte nicht lang, bis Aldo und seine Brüder das Fälscherelend vor der eigenen Haustür als Zeugnis, als Barometer der Begehrlichkeit begriffen – Kopiert wird, was gefällt. Kann es eine effizientere Marktforschung geben?

Gucci ist derzeit die bei Fälschern und Kunden wohl begehrteste Modemarke der Welt. Mal wieder. Seit im Januar 2015 mit Alessandro Michele ein neuer Kreativchef das Design verantwortet, feiert das Unternehmen mit einem Jahresumsatz von rund vier Milliarden Euro ein spektakuläres Comeback. Guccis Kollektionsschau ist das wichtigste Ticket in Mailand. Mit 16 Millionen Facebook-Likes hat man fast sämtliche Konkurrenten überholt und steht damit auf Platz eins des internationalen Internet-Index – einem bedeutenden Indikator für den Wert von Modeunternehmen bei der begehrten Zielgruppe der Millennials, der unter Zwanzigjährigen.

Keine andere Modemarke kann auf derart viele Krisen und Triumphe, Comebacks und Skandale in ihrer Geschichte verweisen. Gucci bietet Stoff für jede Menge Dramen – seit der Sattlermeister Guccio Gucci 1921 in der Florentiner Via della Vigna Nuova 7 einen Werkstattladen für Gepäckstücke und Lederwaren eröffnete. →

Wo sie einkaufen ging, herrschte Hochbetrieb, und was sie trug, setzte Trends – Grace Kelly, Fürstin von Monaco, bei einem Besuch der Gucci-Boutique in Rom 1959

Unter Aldo Gucci avancierte das Unternehmen zur Hausmarke des Jetsets

Shakespeare hätte seine Freude an dieser Familiengeschichte gehabt

Ein Vierteljahrhundert lang gingen die Geschäfte so lala, dann machten die Not und der Mangel an Stoffen und Metallen nach dem Zweiten Weltkrieg den Gucci-Gründer erfinderisch: Statt Leder verwendete Guccio Leinen, Jute und Hanf aus Neapel, japanischen Bambus bog er zum Taschenhenkel. All dies war neu und exotisch, es machte seine »Bamboo Bag« ab 1947 zum Kassenschlager, zum Grundstein eines Imperiums. Der nächste Klassiker folgte 1953 mit dem »Horsebit Loafer«, einem Slipper mit Trensenspange, der bis heute ein Statussymbol geblieben ist.

In den Folgejahren expandierte Gucci bis zum Rodeo Drive in Beverly Hills, Läden eröffneten in Tokio und Hongkong. Mit der Weltmarke Gucci betrat die Mode die Moderne: Nachdem ein japanischer Tourist in der New Yorker Boutique 60 Taschen mit dem Doppel-G-Logo auf einmal kaufte, begrenzte Aldo Gucci den Kauf auf ein Stück pro Kunde. Also lange bevor man sich auch bei Louis Vuitton solcher Tricks bediente.

Aldo, ältester von Guccios drei Söhnen, ist ein Pionier des »Made in Italy«, ein geborener Unternehmergeist, »ein Mann, der in der Lage wäre, seine eigene Mutter an die Beduinen zu verkaufen«, wie es in der Familie heißt. Unter ihm wird das Unternehmen zur Hausmarke des Jetsets. In den Boutiquen gehen Filmstars wie Clark Gable, Joan Crawford oder Kirk Douglas ein und aus. Jackie Kennedy, Audrey Hepburn, Liz Taylor – sie alle tragen Guccis Mode aus Florenz. 1974 schreibt die »New York Times«: »Bei Gucci könnte man denken, die Leute haben Geld zum Rauswerfen.«

Ende der 1970er-Jahre wird die Mode Italiens auf Betreiben von Industrie und Regierung nach und nach von Florenz nach Mailand verlegt, in die Nähe zu den Stoff- und Seidenfabrikanten. So prachtvoll die Paläste der Guccis, Puccis und Ferragamos auch sind – für die Expansion des »Made in Italy« braucht es eine industrielle Infrastruktur. Gucci hat Taschen und ein weltbekanntes Logo, aber weder eine nennenswerte Kleiderkollektion noch einen Designer vom Schlag eines Giorgio Armani oder Gianni Versace.

Guccis erste Kollektionsschau 1981 kommt spät – und zu einem Zeitpunkt, als die Familie längst zerstritten ist.

Noch immer wächst das Kultlabel der Reichen und Schönen, wahllos werden Lizenzen für Sonnenbrillen, Parfums und Schmuck verkauft, wird eine Billiglinie aufgesetzt und das Unternehmen an die Börse geführt. Doch in der Guccio Gucci SpA werden die Dinge kompliziert, intrigant. *La Famiglia*, das Erfolgskonzept italienischer Modeimperien von Benetton bis Fendi und Missoni, scheint bei den Guccis nicht zu greifen. Immer häufiger kommt es zu Zerwürfnissen und Eifersüchteleien um Finanzierungsmodelle des aufwendigen Lebensstils: zwischen Brüdern und Cousins, zwischen Vätern und Söhnen, zwischen Jung und Alt. Gucci ist gar nicht mehr cool. Nach einer Keilerei während einer Vorstandssitzung, in der es Gründerenkel Paolo wegen eines heimlichen Aufnahmegeräts an den Kragen geht, scheint es, als wolle der Clan dem rachsüchtigen Adelsgeschlecht der Borgias Konkurrenz machen.

Unternehmenschef Aldo, seiner Zweitfrau wegen als Einwohner Floridas gemeldet, ist von der US-Steuerbehörde wegen Steuerhinterziehung angeklagt worden. 1986 wird der bereits 81-Jährige zu einer Haftstrafe von einem Jahr und einem Tag verurteilt. Im Bundesgefängnis wird aus dem Padre Padrone der Gefangene mit der Nummer 13124-054-E. Er schläft in einem Saal mit 32 Betten, seinen Anzug muss er gegen die blaue Gefängniskleidung eintauschen und die Lederschuhe gegen Turnschuhe.

Als Aldo im Herbst 1987 aus der Haft entlassen wird, hat sein Neffe Maurizio sich zum Vorsitzenden des Unternehmens aufgeschwungen. Er verlegt den Gucci-Hauptsitz von Florenz nach Mailand, kauft sich einen Firmen-Jet und erwirbt sich einen Ruf als »Erbe, der zügellos mit Geld um sich wirft«. Kein Wunder, ist er doch verheiratet mit Patrizia Reggiani, einer skandalumwitterten Frau, deren Lebensmaxime lautet: »Lieber in einem Rolls-Royce weinen, als auf einem Fahrrad glücklich sein.«

Außerdem führt Maurizio Verkaufsverhandlungen mit der in Bahrain registrierten »Investcorp International«. »Projekt Sattel«, so lautet der Codename für die Übernahme des kriselnden Unternehmens, die 1993 mit dem Verkauf der letzten Familienanteile schließt. Der Clan zerbricht endgültig, streitet weiter, hasst und befehdet sich – bis aufs Blut. Maurizio Gucci wird im März 1995 in der Mailänder Via Palestro von einem Profikiller mit vier Schüssen niedergesteckt. Beauftragt hat den Mord seine rachsüchtige Ex-Ehefrau Patrizia Reggiani, die er für eine Jüngere verlassen hatte. Die »Schwarze Witwe« verschwindet für 16 Jahre im Gefängnis, im März 2013 kommt sie wieder frei.

Shakespeare hätte seine Freude an dieser Familiengeschichte gehabt.

Es ist Patricia Gucci, die heute 54-jährige Tochter Aldos, die Auskunft gibt über das Rätsel und die Frage, wo all die Fehden und Vernichtungskämpfe der Guccis ihren Ursprung haben: »Mein Vater war ein harter Hund. Mit mir war er geduldig, aber sobald meine Brüder ihm in die Quere kamen, ihn herausforderten, ... nein, das wollte man nicht.« Schon beim Gründervater Guccio habe es Schläge gesetzt, »bei jeder Gelegenheit, mit der Hand, mit dem Gürtel oder mit einem Brüllen. Alle hatten eine Heidenangst vor ihm. Er spielte seine Söhne gern gegeneinander aus, um den Kampfgeist der Jungen zu wecken. Das war wohl nicht die beste Idee.« →

1 Aldo Gucci machte die Firma zur Weltmarke und saß wegen Steuerhinterziehung im Gefängnis. 2 Patrizia Reggiani ließ ihren Exmann Maurizio Gucci ermorden und war dafür 16 Jahre in Haft

3 Im Flagshipstore in Florenz leuchten die Schaufenster des Luxus. 4 Designer Paolo Gucci posiert 1977 mit Models. 5 Das Firmenmuseum hütet die Tradition. 6 Sattler Guccio Gucci legte 1921 den Grundstein

Die Jahre der Krise und der modischen Bedeutungslosigkeit enden mit »Tom und Dom«. Während der neue Firmenchef Domenico De Sole die Lizenzen zurückkauft, das Unternehmen umstrukturiert und Gucci-Aktien zum Lieblingsaccessoire von Investoren macht, möbelt der neue Chefdesigner Tom Ford die Kollektionen auf. Mitte der Neunziger fällt der Texaner mit Samt, Leder, Dekolleté und erotisch aufgeladenen Kollektionen und Werbekampagnen über den kühlen Minimalismus des Jahrzehnts her. Mit einem aggressiven Image und dem Bild einer Frau, die sehr sexy ist und sich gern zur Schau trägt, erfindet er die Marke Gucci völlig neu. Seine Kundinnen heißen Madonna und Victoria Beckham, sie stehen auf dem roten Teppich oder singen auf MTV. Ford setzt perfekt um, was die Marke mit dem doppelten G im Logo groß gemacht hat: Gucci ist nicht im Handtaschen- und Schuhgeschäft tätig. Gucci verkauft Träume.

Ein paar Jahre geht das gut. Ford mischt sich in alles und jedes ein, vom Ladenkonzept bis zur Verpackungsschlaufe, er ist ein »Image-Maker« und wird selbst zum Star. Er posiert für seine Werbekampagnen mit weit aufgeknöpftem Hemd und nackten Models, am Ende seiner Schauen nimmt er den Applaus des Publikums entgegen. Dass dürfte er eigentlich nicht – eine Vertragsklausel untersagt ihm, sich auf dem Laufsteg zu verbeugen. In Florenz lässt er sich kaum blicken. Stattdessen geistert er mit cooler Attitüde durch die Modewelt, verpasst dabei jedoch, dass die sich mal wieder wandelt. Sexy wird langweilig, schlichte Eleganz regiert.

Marktanalysen haben derweil ans Licht gebracht, dass die Accessoires 80 Prozent zum Umsatz beitragen, die Kleiderkollektionen nur 15 Prozent. Gucci-Kundinnen haben längst begonnen, sich anderen Marken zuzuwenden. 2004 verlassen Domenico De Sole und Tom Ford das Unternehmen. »Ich habe Gucci so weit getrieben, wie es ging«, sagt Ford später. »Ich konnte die Absätze nicht noch höher oder die Röcke noch kürzer machen.«

Nach einem weiteren Besitzerwechsel – Gucci ist heute die Tochter des französischen Kering-Konzerns, zu dem auch Saint Laurent, Balenciaga, Stella McCartney und andere gehören – wird Frida Giannini 2006 neue Kreativchefin. Ihr Auftrag ist es, »für die Prêt-à-porter-Linien einige Objekte der Begierde zu entwerfen, nicht nur für die Accessoires«. Statt sich am hedonistischen Erbe des Texaners abzuarbeiten, taucht die Römerin in die Archive der Traditionsmarke. Heraus kommt sie mit hellen Kleidchen und luftigen Tops, mit Sandalen statt Stilettos, Blumendrucken statt Glitzer. Aber auch mit uralten Stoffmustern und Prägemaschinen und der strategischen Entscheidung, sich wieder auf Florenz zu konzentrieren, auf Guccis historisches Zentrum.

Giannini holt sämtliche Designteams, die über ganz Europa verstreut sind, in die Toskana zurück. Sie selbst fühlt sich in Mailand unwohl, sagt sie, »es ist eine Stadt der Arbeit, der Industrie. In der Toskana gibt es ein paar Inseln der Glückseligkeit: Die Sonne scheint öfter, die Leute sind entspannter, ich kann mit meinem Hund spazieren gehen. Oder gleich um die Ecke einen Espresso in Roberto Cavallis Café ›Giacosa‹ trinken.«

Die Designerin besinnt sich auf das, was die Luxuskundschaft auf einmal sehr schätzt: Tradition und Manufaktur.

Allein in der Toskana arbeiten 7000 Menschen für Gucci. Das Herz der Produktion schlägt in Scandicci-Casellina, einem westlichen Vorort von Florenz. Zum Glück hat man stets der Versuchung widerstanden, die Produktion ins Ausland zu verlagern. Während der historische Firmensitz nach wie vor im Zentrum liegt, wurden die Verwaltung und die eigenen Werkstätten an den Stadtrand verlagert.

Tatsächlich sind die Handwerker jetzt das größte Kapital Guccis: Feintäschner und Sattler, die das Perforieren, Chagrinieren oder Prägen von Leder perfekt beherrschen. Die genau wissen, mit welchen Nadelstichen sich 140 Einzelteile zu einem 5000 Euro teuren »Bamboo«-Täschchen aus Pythonleder zusammenfügen; welcher Kunstgriffe ein 4200 Euro teures Henkeltaschen-Modell »Nymphaea« bedarf.

Seit einiger Zeit sind die Auftragsbücher übervoll, die Produktion wird um stattliche 20 Prozent hochgefahren. Bis 2018 sollen 900 Arbeitsplätze geschaffen werden, allein 700 davon im neuen Logistikzentrum und Lager in einer umgebauten Keramikfabrik in Sesto Fiorentino.

Zu verdanken hat man das vor allem Alessandro Michele, der im Januar 2015 sein Amt antritt. Er ist der langjährige Accessoire-Designer und rechte Hand Frida Gianninis, die nach drei eingebrochenen Umsatzquartalen gehen musste. Der 43-jährige Römer trägt lange Haare und Ringe an jedem Finger. Und er überrascht: Statt Erotik oder schlichter Eleganz präsentiert er den Hippie-Style und Barockdamen, Vögel und Blumen auf Spitzenkleidern und Faltenröcken, puschelige Fell-Loafer zu floralen Rüschenkleidern, einen Mix aus gestern und vorgestern, der den Nerv der Zeit punktgenau trifft. Auf dem roten Teppich, bei Instagram-Ikonen und den It-Girls der Hautevolee ist Michele der Darling aller Darlings.

»Ich will Sinnlichkeit«, erklärt er seine Vorliebe für die Garderoben früherer Epochen, »und die findet man oft in der Vergangenheit«. Davon hat man bei Gucci weiß Gott mehr als genug. ◐

Gucci Museum
59 *Florenz, Piazza della Signoria 10, Tel. 055-75 92 70 10*
Das Museum ist vorübergehend geschlossen, voraussichtlich bis Herbst 2017. Dann gilt wieder: Vom Eintrittspreis (7 €, Do ab 20 Uhr 5 €) kommen 50 Prozent der Erhaltung und Restaurierung von Florentiner Kunstschätzen zugute.

Gucci Gift Shop **60** *Adresse s. o., Tel. 055-75 92 70 44*
Gucci Café und Restaurant **61** *Adresse s. o., Tel. 055-75 92 70 45*

Gucci Boutiquen
Firenze Flagship **62** *Via Tornabuoni 73r–81 r, Tel. 055-26 40 11*
Firenze Duomo **63** *Via Roma 32 r, Tel. 055-75 92 38 03*
Leccio Outlet **64** *Leccio, Via Europa 15/17, Tel. 055-865 77 75*

Gucci ist nicht im Handtaschengeschäft tätig. Gucci verkauft Träume

Gucci hat Modegeschichte geschrieben – beispielsweise mit exquisiten Blumenmustern auf Tüchern und Kleidern. Im firmeneigenen Museum kann man sie bewundern

KULINARISCHE LANDPARTIE

Sein Schmorbraten braucht Stunden. Seine Ideen für Pastagerichte bekommt er von Landfrauen aus der Umgebung. Und das Fleisch vom eigenen Bauernhof. **ANTONIO FALCONE** spielt im Landhotel »Le Silve di Armenzano« bei Assisi die Vorzüge der umbrischen Küche aus – mit Liebe zur Tradition und moderner Küchentechnik

TEXT **RALF FRÄDTKE** FOTOS **STEFANO SCATÀ**

Dass es den Hühnern gut geht, beflügelt auch Antonio Falcone: Frische Landeier gelangen ohne Umwege in seine Küche

Das Romantik-Hotel »Le Silve di Armenzano« liegt zu Füßen des Monte Subasio, inmitten unberührter Natur, umgeben von dichten Wäldern

D

»DAS IST FÜR MICH UMBRIEN!«
Antonio Falcone öffnet den Backofen, und sofort erfüllt der Duft die ganze Küche. Es riecht nach Thymian, Rosmarin, Lorbeer und Salbei, nach Rotwein und Röstnoten, so intensiv, dass einem das Wasser im Mund zusammenläuft. »So muss ein richtiger *brasato* riechen«, sagt der Koch. Er seufzt und genießt einen Moment lang mit geschlossenen Augen das Aroma. Den Schmorbraten hat er schon vor Stunden angesetzt, hat Knochen, Zwiebeln, Möhren und Sellerie angebraten, den samtigen Sagrantino zugegeben, den Wein aus Montefalco, der so gut zu den dunklen, kräftigen, waldigen Aromen dieser Region passt. Hat das Fleisch immer wieder gewendet und mit Bratensaft begossen, damit es saftig bleibt. Antonio Falcone weiß genau, worauf es beim Schmoren ankommt und wie man aus dem Sud eine köstliche Sauce zubereitet. »Aber das Wichtigste ist die Qualität des Fleisches. Und exzellente *materia prima* haben wir hier reichlich – das ist einer der Gründe, warum ich so gern in Umbrien lebe.«

Dass Köche Fleisch mögen, ist nicht ungewöhnlich. Aber Antonio Falcones Leidenschaft ist doch etwas überraschend: Der 44-Jährige stammt aus Apulien, aus der Kleinstadt Mesagne, wo er mit 16 seine Kochkarriere begann. Er ist mit Wolfsbarsch, Schwertfisch und Vongole groß geworden, schätzt die Küste und die salzige Luft der Adria. Und hat sich ausgerechnet in Umbrien niedergelassen, in einer der wenigen Provinzen Italiens ohne Zugang zum Meer.

»Was mich hier am meisten fasziniert, ist die erstklassige Fleischqualität. Vor allem das Schweinefleisch ist unglaublich aromatisch – so kannte ich das vorher gar nicht. Und deshalb macht es mir Spaß, damit zu experimentieren. Auch das langsame Garen habe ich erst im Norden entdeckt. Bei uns im Süden, in meiner früheren Heimat, wird traditionell alles kurz gebraten, und insgesamt kommt dort natürlich viel mehr Fisch auf den Tisch.«

In Armenzano ist er nun in einer privilegierten Situation: Das Fleisch kommt vom eigenen Bauernhof. »Sie sehen ja, wie die Tiere hier leben; sie sind das ganze Jahr über draußen. Wir haben 260 Hektar Wald, und was die Schweine dort an Eicheln, Kastanien, Kräutern und Pilzen fressen, macht ihr Fleisch besonders würzig.«

Armenzano liegt im Parco del Monte Subasio, einem geschützten Naturpark, zwölf Kilometer von Assisi entfernt. Den Wallfahrtsort des Heiligen Franziskus kann man nicht sehen, er liegt hinter dem 1300 Meter hohen Berg. Nur eine holprige Landstraße verbindet das vielbesuchte Pilgerzentrum mit dem abgelegenen Dorf. Und von dort geht es noch ein paar Kilometer weiter auf einer einsamen, schmalen Straße bis zum Hotel »Le Silve di Armenzano«. Neunzehn Zimmer hat das Romantik-Hotel, zwei Pools, ein Mini-Spa mit Sauna, Yogakursen und Dr.-Hauschka-Naturkosmetik. Als didaktisches Angebot dürfen Kinder beim Füttern der Tiere helfen, und mit etwas Glück bekommen sie hier auch Füchse, Eulen, Hirsche, Wild- und Stachelschweine zu sehen.

Und es gibt eben die Landwirtschaft – mit Rindern, Schweinen, Hühnern und Gänsen.

Giuseppe Sirignani hat dieses Idyll geschaffen. 1977 zog er nach Armenzano, in eine verlassene Herberge aus dem zehnten Jahrhundert, restaurierte den mittelalterlichen Bau samt Nebengebäuden und eröffnete 1983 das Hotel »Le Silve di Armenzano«. Er gründete die Farm, hielt Pferde, begann Ziegen und andere Nutztiere zu züchten.

Längst hat Marco Sirignani die Geschäfte übernommen. »Mein Vater hatte diese Vision: eine Azienda Agricola und dazu ein Hotel. Und beides sollte sich gegenseitig befruchten. Er hat ein Vermögen in seinen Traum investiert. Die Häuser waren total verfallen. Alles musste Stein für Stein neu aufgebaut werden.« Der älteste Bau – ein rustikales Natursteinhaus – steht gleich am Eingang zum Hotel. Es ist von Zypressen, Pinien und knorrigen Olivenbäumen umrahmt. Rosmarin und Lorbeerhecken wuchern im Garten. Drinnen werden die Gäste in einer eleganten Lobby mit dicken Teppichen empfangen, mit einem Gobelin über dem Tresen und einer Sitzgruppe mit grünen Ledersesseln. Im offenen Kamin lodert das Feuer. Die Zimmer tragen die Namen bekannter Renaissancemaler: »Giotto«, »Raffaello« und »Piero della Francesca«; viele haben antike Türen, vom Alter glänzende Cottoböden und Natursteinwände, zu den De-luxe-Zimmern im Erdgeschoss gehören kleine private Terrassen.

M

MARCO STEHT AUF DER TERRASSE, über die ein großes Sonnensegel gespannt ist. Der Blick über die Hügelketten ist grandios. »An klaren Tagen reicht die Sicht bis nach Perugia.« Eine seltene Ruhe liegt über dem Anwesen, das sich bis in die Täler und zu den Weilern an den grünen Berghängen erstreckt, so weit das Auge reicht. Marco zog 2005 aus der

1 Zwischen Natursteinmauern und gestärkten Spitzentischdecken knistert heimelig das Kaminfeuer im Restaurant »Armentum«. 2 In der gemütlichen Bar kredenzt die freundliche Kellnerin eine Kostprobe aus dem gut gefüllten Weinkeller. 3 Bei schönem Wetter werden die Tische auf der Terrasse gedeckt, unter einem riesigen Sonnensegel

1

2

3

Pinien, Zypressen und Rosmarinbüsche flankieren die Treppe zum Hotel; Salbei, Lavendel, Thymian, Dill, Löwenzahn und vieles mehr würzen umbrische Speisen

1

2

3

Hauptstadt nach Armenzano – und hat es nicht bereut: »In Rom hält man den Atem an, hier holt man tief Luft.« Bevor er das Familienerbe angetreten hat, arbeitete er als landwirtschaftlicher Berater, eine gute Vorbereitung auf seine jetzige Aufgabe als Hoteldirektor und Manager der Fattoria. Die einstige Backstube bei der Küche ist sein Büro, ein winziges, in die Erde gebautes Häuschen mit Satteldach und Kamin. Es ist ganz mit Basilikum, Salbei und Kapernbüschen zugewachsen. Eine kleine Steintreppe führt zum Eingang hinunter. Auf Höhe des Dachs stehen Terrakottatöpfe mit Tomaten, Zwiebeln und Majoran. »Es ist winzig, aber hier bin ich mittendrin.«

E **EINE JUNGE ENGLISCHE FAMILIE** erholt sich auf der Terrasse beim *caffè* von einer Wanderung. Am blauen Himmel kurvt ein Roter Milan, die Flügel eindrucksvoll ausgebreitet. Aber die Kinder quengeln: Sie möchten lieber zum neuen Pool. Der befindet sich ein paar Hundert Meter oberhalb vom Hotel. An der *fossa del lupo,* dem Wolfsgraben, hat Marco einen Garten mit Rosen angelegt und mitten darin ein großes Schwimmbecken. Im Hintergrund steht ein Pavillon im Landhausstil für Hochzeitsfeiern, Tagungen und andere Events. Im Sommer finden sonntags auf dieser Terrasse *giornate fuori* statt: Brunch und Grillen für Tagesgäste, da kommen viele Italiener aus der Umgebung. Der Platz ist gut gewählt: Die Aussicht auf den Monte Subasio ist großartig. Ein kurviger Waldweg führt dort hinauf, gesäumt von einem Zaun, hinter dem Schweine im Schlamm wühlen und sich ausgesprochen wohl zu fühlen scheinen.

Schweine spielen in der umbrischen Küche seit jeher eine wichtige Rolle, sogar dort, wo man sie nicht sieht. Auf Armenzano wird eine robuste Rasse gezüchtet: Die Tiere sind klein und schwarz. Antonio Falcone bereitet den nächsten Gang zu, *zuppa di cereali,* Getreidesuppe – auch ein umbrischer Küchenklassiker. Jungkoch Raffaele Raucci assistiert dem Chef, putzt Karotten und Sellerie und hackt sie fein, Zutaten für die Brühe. Antonio setzt Linsen und Weizenkörner mit Wasser auf, gibt die Gemüsewürfel dazu, außerdem Salbei und Thymian – und reichlich Schweineschwarte. »Die verleiht der Suppe den schmelzigen Geschmack. Eine Delikatesse für Genießer, aber vielleicht nichts für orthodoxe Vegetarier, auch wenn ich sie vor dem Servieren herausnehme«, sagt der Chef und lächelt verschmitzt.

Antonios Konzept für das Hotelrestaurant »Armentum« ist einfach: Er serviert traditionelle Gerichte, behutsam modernisiert, kreativ verfeinert, längst nicht so mehr so deftig, wie sie einst waren, viel eleganter angerichtet. Aber es ist eine Küche ohne Chichi, keine Fusion, kein Crossover, mit Fleisch in allen Variationen.

»Ich mag an Umbrien vor allem das Ländliche, die tiefen, dichten Wälder«, sagt Antonio, »und ich mag die Menschen hier: Sie sind sehr naturverbunden und kennen noch viele der alten Bräuche, Handwerke und Traditionen.« So spielt die Vergangenheit ganz selbstverständlich in den Alltag hinein, das zeigt sich vor allem beim Kochen und beim Essen. »Schon all die Pastasorten, die es hier gibt: Strigoli, Strozzapreti, Umbricelli, Strangozzi – beinahe jedes Dorf hat seine eigene, spezielle Nudelvariante«, schwärmt er. Und setzt jetzt *sughi* und deftige Ragouts aus Kaninchen oder Rindfleisch an. Oft haben alte Frauen aus der Nachbarschaft den Profi zu einem Rezept inspiriert, auch ein paar Techniken und Tricks hat er sich von ihnen abgeschaut: »Ich habe zum Beispiel oft ein Gänseragout auf der Karte. Fertig ist es, wenn an der Oberfläche zwei Finger breit Fett schwimmen – so kochten die Leute hier früher, nicht nach der Uhr!«

Antonio hat das Kochen natürlich nach exakten Methoden und mit grammgenauen Maßen gelernt. Und auf verschiedenen Stationen in ganz Italien: Seine ersten Sporen als Küchenchef hat er sich im Aostatal verdient. Er hat in Rimini und Apulien, im Piemont und auf Sardinien gekocht. Schließlich kam er nach Bevagna, übernahm dort die Regie im Restaurant »Redibis« im schicken »Relais L'Orto degli Angeli«, brachte das Lokal auf Umbriens kulinarische Landkarte und in sämtliche renommierten Restaurantguides.

Abends sitzen im Restaurant »Armentum« deutsche und italienische Familien, vier Paare aus England und den USA, zwei aus Frankreich und eins aus Belgien. Auf den Tischen liegen weiße Tischdecken und Stoffservietten. Außerdem steht ein Korb mit duftendem Brot bereit, vier verschiedene Sorten: mit Kümmel, Knoblauch, Speck und Meersalz – *fatto a casa,* wie die Kellnerin betont. Als Vorspeise gibt es Kaninchenterrine mit Fenchel und Zucchini, als Zwischengang *maltagliati* mit Wildschweinragout und als Hauptgericht *brasato al vino rosso* mit Polenta, wunderbar zart, ein Messer braucht es da nicht. Zum Dessert empfiehlt Antonio, der nach dem Hauptgang die Runde macht, seine Version der Sachertorte: eine Variation aus Bitterschokolade, Schoko-Eis und Aprikosenpüree, die wie ein kleines Kunstwerk angerichtet ist.

Michelle und Robert, ein Rentnerpaar aus Belgien, stößt dazu mit einem Glas Spumante an. Heute ist ihr 50. Hochzeitstag. Den wollten sie unbedingt im »Le Silve di Armenzano« begehen. »Das haben wir vor ein paar Jahren entdeckt, als wir uns in den umbrischen Wäldern verfahren hatten. Damals mussten wir weiter in unser Hotel nach Assisi, aber wir haben beschlossen, dass wir zurückkommen.« Zwei Wochen lang sind sie nun durch Italiens Mitte gefahren und gestern hier angekommen. Das Paar strahlt. »Für uns hat dieser Ort eine ganz besondere Magie. Hier wollten wir heute miteinander anstoßen.« ◐

1 **Der Swimmingpool liegt oberhalb des Hotels in einem Rosengarten.** **2** **Die Zimmer tragen die Namen von berühmten Renaissancemalern – »Piero della Francesca« heißt diese Suite in Rot.** **3** **In den Wäldern rund um die Fattoria fühlen sich auch die Schweine zu Hause**

Ristorante »Armentum«

65 *Assisi, Loc. Armenzano 89, Tel. 075-801 90 00, www.lesilve.it*

€€€ Hotel »Le Silve di Armenzano«

66 *Adresse und Tel. siehe oben, 19 Zimmer und 4 Apartments, DZ/F ab 180 €*

Einfach gut

Bratenduft, Rotweinsud und frische Kräuter – das ist Umbrien, schwärmt Antonio Falcone. Probieren Sie es selbst: Der Küchenchef des Restaurants »Armentum« ließ sich ins Rezeptbuch gucken

TEXT **RALF FRÄDTKE** FOTOS **STEFANO SCATÀ**

HUMMUS DI CECI CON PINZIMONIO DI VERDURE E CIALDA DI PANE

Kichererbsen-Püree mit rohem Gemüse und krossem Brot

ZUTATEN FÜR 4 PERSONEN

300 g getrocknete Kichererbsen
(über Nacht in kaltem Wasser eingeweicht)
50 ml Zitronensaft
Salz
schwarzer Pfeffer
100 ml Olivenöl extra vergine

FÜR DAS GEMÜSE

1 rote Paprikaschote
2 Karotten
2 Stängel Stangensellerie mit Blättern
2 kleine Gurken
4 Rispentomaten

AUSSERDEM

grobes Meersalz
4 dünne Scheiben Weißbrot

ZUBEREITUNG

Kichererbsen abgießen, mit kaltem Wasser abbrausen, in ca. 1 Liter Wasser in einem großen Topf zum Kochen bringen, dann halb zugedeckt in 2–3 Stunden weich köcheln. Wasser bis auf ein Drittel abgießen, Zitronensaft dazugeben, salzen und pfeffern. Masse in den Mixer geben, das Olivenöl dazugießen, glatt pürieren. Mit Salz und Pfeffer abschmecken.

Mit zwei Löffeln ovale Klößchen formen und auf vier Teller verteilen.

Gemüse in mundgerechte Stücke schneiden und die Hummus-Klößchen damit garnieren. Mit grobem Meersalz und ein paar Spritzern Olivenöl anrichten. Weißbrot toasten und dazulegen. →

CARPACCIO DI VITELLO MARINATO AL SALE GROSSO E ERBE AROMATICHE SU MISTICANZA DELL'ORTO E PERE GLASSATE AL SAGRANTINO

Mariniertes Carpaccio mit gemischtem Salat und in Sagrantino gekochten Birnen

ZUTATEN FÜR 4 PERSONEN

600 g Kalbsfilet
500 g grobes Meersalz
1 Knoblauchzehe
500 g frische Kräuter (Rosmarin, Salbei, Dill, Thymian und Majoran)

FÜR DIE BIRNEN

1 Williams Christbirne
250 ml Sagrantino (ersatzweise anderer Rotwein)
50 g Zucker
1 Stück Zimt
1 Sternanis

ZUM ANRICHTEN

etwas gemischter Salat (kleine Blätter)
Olivenöl
frische Lorbeerblätter

ZUBEREITUNG

Mit dem Cutter (ersatzweise Mixer mit Cutter-Aufsatz) die Kräuter mit Knoblauch und Meersalz fein hacken, bis man ein aromatisiertes Salz erhält. Das Fleisch damit einreiben und im Kühlschrank 24 Stunden einwirken lassen. Das Salz sorgfältig abwischen, Fleisch hochkant in eine mit Salz ausgestreute Schale stellen und wieder in den Kühlschrank geben, damit der Fleischsaft nach unten ablaufen kann. Wichtig: Fleisch gründlich vom Salz befreien! Mindestens drei Tage trocknen lassen.

Die Birne schälen, entkernen, vierteln und in einen hohen Topf oder eine feuerfeste Form geben. Sagrantino, Zucker und Gewürze zugeben. Der Wein soll die Birnen zu drei Vierteln bedecken. Topf mit Alufolie bedecken und im Backofen 40 Minuten bei 180 Grad garen.

Das Fleisch in hauchdünne Scheiben schneiden. Mit Salat anrichten, Blätter nur mit ein paar Tropfen Olivenöl würzen. Die Birnenviertel zu Fächern aufschneiden. Teller mit Weinsud, Olivenöl und je einem Lorbeerblatt garnieren.

UOVO IN FORMA SU PAPPA AL POMODORO E ZABAIONE DI PARMIGIANO

Eier mit Tomatenbrei und Parmesan-Zabaione

ZUTATEN FÜR 4 PERSONEN

FÜR DIE PAPPA AL POMODORO

1 Zwiebel
Olivenöl extra vergine
500 g Tomaten
5 Blätter Basilikum
Salz
schwarzer Pfeffer
300 g altbackenes Brot

FÜR DIE ZABAIONE

250 g Parmesan
500 ml Sahne
4 Eigelb (von großen Eiern)
schwarzer Pfeffer

AUSSERDEM

Semmelbrösel für die Form
30 g frische Trüffeln (oder Trüffeln aus dem Glas; ersatzweise frische Kräuter)

ZUBEREITUNG

In einer Kasserolle die gehackte Zwiebel in Olivenöl anbraten. Tomaten würfeln und zugeben, Basilikum zugeben, alles einkochen lassen. Mit Salz und Pfeffer würzen. Brot in kleinen Stückchen zugeben, weiter köcheln lassen, bis das Brot nicht mehr hart ist und alles zusammen eine homogene Masse ergibt. Vom Herd nehmen und mit dem Stabmixer pürieren oder im Cutter mixen, bis alles gut vermischt ist. Wenn nötig, etwas Olivenöl zugeben.

Für die Zabaione den Parmesan in kleine Stücke schneiden, mit der Sahne mischen und im Wasserbad schmelzen lassen. Pfeffern, Eigelb zugeben und mit dem Stabmixer zu einer cremigen Emulsion aufschlagen.

Kleine Aluminiumförmchen einfetten, mit Semmelbröseln ausstreuen. Die Eimasse einfüllen und im Backofen bei 175 Grad Umluft 8 Minuten garen.

Mithilfe von Aluminiumringen oder Teigausstechern vom Durchmesser der Aluförmchen aus dem Tomaten-Brot-Brei runde Basen formen. Die gegarten Eier vorsichtig daraufsetzen. Mit Zabaione übergießen und mit Trüffelscheiben oder frischen Kräutern garnieren.

GNOCCHI DI RAPA ROSSA CON TACCOLE, FONDENTE DI PECORINO E CIPS DI MELANZANE DORATE

Rote-Bete-Gnocchi mit Erbsenschoten, Pecorino-Creme und Auberginenchips

ZUTATEN FÜR 4 PERSONEN

200 g rote Kartoffeln
2 g frisch geriebene Muskatnuss
Salz
schwarzer Pfeffer
500 g Mehl Type 00
100 g geriebener Parmesan
100 g Rote Bete, gedämpft

FÜR DIE KÄSECREME

50 g Pecorino di Fossa (ersatzweise stark gereifter Pecorino)
200 ml Sahne
Salz
schwarzer Pfeffer

ZUM ANRICHTEN

8 blanchierte Erbsenschoten
1 Knoblauchzehe
Olivenöl extra vergine
8 dünne Scheiben Auberginen
Sonnenblumenöl zum Frittieren

ZUBEREITUNG

Die Kartoffeln in der Schale kochen, anschließend pellen und auf einem Nudelbrett zerdrücken. Mit Salz, Pfeffer und Muskatnuss würzen. Parmesan und Mehl zugeben. Alles gut mischen, die Rote Bete zugeben und mit dem Stabmixer pürieren. Es soll eine geschmeidige, formbare Masse entstehen, die nicht klebrig ist; wenn nötig, etwas mehr Mehl zugeben. Mit zwei Löffeln oder einem Spatel ca. 2 cm lange Gnocchi formen.

Gnocchi auf ein mit Mehl bestäubtes Blech legen.

Für die Käsecreme den Pecorino mit Sahne mischen und im Wasserbad erhitzen – am einfachsten geht das in einer Bain-Marie –, bis der Käse geschmolzen ist. Mit Salz und Pfeffer würzen und gut durchrühren.

Die Gnocchi in Salzwasser aufkochen und gar ziehen lassen.

Blanchierte Erbsenschoten in Rauten schneiden und in einer Pfanne mit Knoblauch und Olivenöl anbraten. Auberginenscheiben in heißem Öl frittieren und auf Küchenpapier abtropfen lassen.

Die Gnocchi auf Teller verteilen, mit Käsecreme begießen und mit den Erbsenschoten und den Auberginenchips anrichten.

→

MALTAGLIATI DI FARRO CON RAGÙ DI CINGHIALE

Nudeln aus Dinkelmehl mit Wildschweinragout

ZUTATEN FÜR 4 PERSONEN

500 g mageres Wildschweinfleisch
100 g Zwiebeln, 100 g Möhren, 100 g Sellerie
frische Kräuter (Rosmarin, Lorbeer, Salbei, Thymian), Wacholderbeeren
1/2 l trockener Rotwein
30 g Tomatenmark
Salz, schwarzer Pfeffer
100 ml Olivenöl extra vergine
Fleischbrühe nach Belieben

FÜR DIE PASTA

400 g Dinkelmehl, 100 g Grießmehl Type 00, 4 Eier, 1 Eigelb, Salz

ZUBEREITUNG

Am Vortag: Zwiebeln, Möhren und Sellerie in grobe Stücke schneiden. Das Wildschweinfleisch mit Gemüse, Wacholderbeeren und Kräutern in Rotwein marinieren und über Nacht in den Kühlschrank stellen.

Für den Pastateig: Mehl, Eier und eine Prise Salz verkneten. Teig in Frischhaltefolie wickeln und ca. 1 Stunde beiseitestellen. Dann dünn ausrollen und mit dem Messer in Rauten schneiden (etwa 3 cm Kantenlänge). Die Maltagliati zum Trocknen auf ein Tuch legen und mit etwas Mehl bestäuben, damit sie nicht festkleben.

Fleisch aus der Marinade nehmen und abtropfen lassen. Marinade beiseitestellen. Gemüse und Kräuter in kleine Würfel schneiden und in Olivenöl anbraten. Das Fleisch klein würfeln und zum Gemüse geben. Wenn das Fleisch Farbe angenommen hat, Tomatenmark zufügen und das Ganze mit Marinade aufgießen. Mit Salz und Pfeffer würzen und eine Stunde köcheln lassen. Falls notwendig, mit etwas Fleischbrühe aufgießen, damit das Fleisch nicht zu trocken wird.

Nudeln in Salzwasser bissfest kochen, abgießen und zum Gemüse geben, in der Pfanne schwenken und Olivenöl dazugeben. Mit Rosmarin und Salbeiblättern garnieren und servieren.

Secondi

BRASATO DI VITELLO AL VINO ROSSO CON POLENTA GRIGLIATA

Kalbsbraten mit Rotwein und gegrillter Polenta

ZUTATEN FÜR 4 PERSONEN

700 g Kalbsschulter
Salz, schwarzer Pfeffer
Olivenöl extra vergine
100 g Zwiebeln, 100 g Möhren, 100 g Sellerie
1 l trockener, körperreicher Rotwein
50 g Tomatenmark
2 Lorbeerblätter, 1 Zweig Rosmarin
4 Blätter Salbei
4 Wacholderbeeren, 1/2 Stange Zimt
Fleischbrühe nach Belieben
125 g Instant-Polenta

ZUBEREITUNG

Das Fleisch mit Küchengarn in Form binden, pfeffern und salzen. In einer Kasserolle Olivenöl erhitzen, gehackte Möhren, Sellerie und Zwiebeln anbraten. Das Fleisch dazugeben und von allen Seiten anbraten. Rotwein angießen, bis der Braten vollständig bedeckt ist. Tomatenmark, Kräuter, Wacholderbeeren und Zimt zugeben. Zwei Stunden bei mittlerer Hitze garen. Wenn nötig, Fleischbrühe zugeben, damit das Fleisch nicht austrocknet.

In der Zwischenzeit die Polenta zubereiten: In einer Kasserolle Wasser (ca. 0,6 l) mit Salz und etwas Öl zum Kochen bringen. Das Polentamehl einrühren und 8 Minuten kochen lassen. Auf einem Backblech abkühlen lassen.

Wenn das Fleisch gar ist, den Topf von der Flamme nehmen, die Kasserolle mit einem Deckel schließen, Fleisch eine Stunde ruhen lassen. Das abgekühlte Fleisch aus dem Fond nehmen, das Küchengarn vorsichtig entfernen, Fleisch in dünne Scheiben schneiden. Den Fond durch ein Sieb in einen Topf geben, reduzieren, bis eine sämige Soße entsteht. Das Fleisch dazugeben.

Die Polenta in Quadrate schneiden, mit Olivenöl bestreichen und im Backofen unter den Grill schieben.

Zum Anrichten je ein Polenta-Quadrat in die Mitte der Teller geben, Bratenscheiben darauflegen, vorsichtig mit Bratenfond begießen. Mit einigen Tropfen Öl und frischen Kräuterblättern garnieren.

ARROSTO DI MAIALE TIEPIDO CON CREMA DI MELANZANE

Lauwarmer Schweinebraten mit Auberginencreme

ZUTATEN FÜR 4 PERSONEN

500 g Schweinelende
Salz, schwarzer Pfeffer
50 ml Olivenöl extra vergine
100 ml trockener Weißwein
1 Möhre
1 Stängel Stangensellerie
1/2 weiße Zwiebel
1 Zweig Rosmarin
evtl. etwas Gemüsebrühe

FÜR DIE AUBERGINENCREME

1 kg Auberginen
150 ml Sonnenblumenöl
Salz

ZUM ANRICHTEN

etwas gemischter Salat
20 g geröstete Pinienkerne
frischer Oregano

ZUBEREITUNG

Schweinefleisch mit Küchengarn zusammenbinden, salzen und pfeffern. In einer Pfanne in Öl rasch anbraten, damit die Poren sich schließen. Mit Weißwein ablöschen, dann das grob gehackte Gemüse und Rosmarin zugeben. Alles in eine feuerfeste Form geben, 45 Minuten bei 165 Grad im Backofen garen. Wenn nötig, etwas Gemüsebrühe angießen.

Abkühlen lassen, das Küchengarn vorsichtig vom Fleisch lösen und das Fleisch in dünne Scheiben schneiden. Sud durch ein Sieb geben und in einer Schale beiseitestellen.

Für die Auberginencreme: Auberginen waschen und unter dem Grill im Backofen garen, dabei regelmäßig wenden, bis sie gleichmäßig gar sind. Die angesengte Haut entfernen. Das Fruchtfleisch in ein Nudelsieb geben und abtropfen lassen, dabei den Gemüsesaft auffangen. Wenn das Auberginenfleisch abgekühlt ist, mit dem Stabmixer pürieren. Dabei das Sonnenblumenöl zugießen und den Bratenfond vom Schweinefleisch – wenn nötig, vorher Fett abschöpfen. Alles mixen, bis eine homogene Masse entsteht. Salzen.

Zum Anrichten immer abwechselnd eine Scheibe Fleisch und ein Salatblatt auf einen Teller geben und mit der Auberginencreme bestreichen, mit Oreganoblättern und Pinienkernen garnieren. →

GALANTINA DI POLLO CON CAPONATA DI VERDURE ALL'AGRO

Hähnchenpastete mit Essig-Gemüse

ZUTATEN FÜR 4 PERSONEN

500 g rohe Bratwurst (Salsiccia), aus dem Darm entfernt
frischer Majoran
10 g Pinienkerne
50 g Rosinen
200 ml trockener Weißwein
1 mittelgroßes Hähnchen

FÜR DIE CAPONATA

50 g Möhren
50 g Zwiebeln
50 g Sellerie
100 g rote Paprika
500 g Auberginen
Olivenöl extra vergine
Salz, schwarzer Pfeffer, Zucker
20 g Pinienkerne
50 g Rosinen
100 ml trockener Weißwein
100 ml Weißweinessig
Mehl
Sonnenblumenöl
ein paar Blätter Basilikum

ZUBEREITUNG

Die Wurstmasse mit Majoran, Pinienkernen und Rosinen mischen. Weißwein unterrühren und alles im Kühlschrank eine Stunde marinieren lassen.

Hähnchen entbeinen, dabei die Haut möglichst wenig zerstören. Fleisch flach auf ein Schneidebrett legen. Wurstmasse darauf verteilen. Fleisch zur Roulade rollen, fest in Alufolie wickeln. Im vorgeheizten Backofen 50 Minuten bei 175 Grad garen. Abkühlen lassen, Folie entfernen, Fleisch in Scheiben schneiden.

Für die Caponata Gemüse würfeln. In einer beschichteten Pfanne alles bis auf die Auberginen in Olivenöl anbraten, mit Salz, Pfeffer und Zucker würzen. Pinienkerne und Rosinen zugeben. Mit Weißwein und Essig ablöschen – das Gemüse soll noch bissfest sein. Die Auberginen mit Mehl bestäuben, in Sonnenblumenöl ausbacken. Mit dem übrigen Gemüse mischen, eventuell nachsalzen.

Die Caponata auf Tellern anrichten, mit Olivenöl und Basilikum garnieren. Fleisch darauflegen.

Dolci

LA MIETITURA

Getreide-Nuss-Kuchen mit Pflaumen und Soße aus grünem Tee

ZUTATEN FÜR 4 PERSONEN

300 g Butter, 200 g Zucker, 500 g Mehl
50 g gemahlene Haselnusskerne
1 Ei, 2 Eigelb

FÜR DIE FÜLLUNG

400 g gekochter Weizen
400 ml Sahne
100 g Zucker
1/2 Stange Vanille
200 g Pflaumen
50 g Zucker

FÜR DIE SOSSE AUS GRÜNEM TEE

300 ml Vollmilch, 200 ml Sahne
10 g grüner Pulvertee (Matcha)
5 Eigelb
90 g Zucker

ZUM GARNIEREN

Puderzucker
Minze

ZUBEREITUNG

Butter, Zucker und Mehl zu einem Mürbeteig mischen. Nüsse und Eier zugeben und schnell verkneten. Teig in Folie wickeln und im Kühlschrank ruhen lassen.

In einer Kasserolle Weizen und Sahne mischen, mit Zucker und Vanille aufkochen lassen. Vanilleschote herausnehmen, Mark auskratzen, unterrühren. Alles in einer Schüssel abkühlen lassen.

Pflaumen klein schneiden. Im Topf mit Zucker erhitzen, bis dieser aufgelöst ist.

Für die grüne Soße in einem Topf Milch und Sahne erhitzen. Sobald das Gemisch anfängt zu kochen, Teepulver unterrühren, vom Herd nehmen. 15 Minuten ziehen lassen. Inzwischen Eigelb und Zucker aufschlagen. Tee-Milch durch ein Sieb gießen, unterrühren, erneut erhitzen, aber nicht kochen lassen! In eine Schüssel umfüllen und mit Frischhaltefolie bedeckt abkühlen lassen.

Teig zu zwei runden Platten ausrollen. Mit der ersten eine gefettete und bemehlte Springform auslegen.

Erst Weizencreme, dann Pflaumen darauf verteilen. Die zweite Teigplatte darauflegen. Kanten andrücken. Bei 180 Grad ca. 35 Minuten backen.

Abgekühlten Kuchen mit Puderzucker bestäuben, mit jeweils einem Schälchen Teecreme und etwas Minze servieren.

SACHER A MODO MIO

Meine Sachertorte

ZUTATEN FÜR 4 PERSONEN

60 g Butter
50 g Puderzucker
2 Eigelb
60 g Bitterschokolade
2 Eiweiß
50 g Zucker
50 g Mehl
5 g Backpulver
Butter zum Fetten

FÜR DEN BISKUIT
3 Eier
90 g Zucker
90 g Mehl
45 g Kakaopulver

FÜR DAS APRIKOSENGELEE
200 g entsteinte Aprikosen
50 g Zucker
1 Blatt Gelatine

FÜR DIE GANACHE (SCHOKO-SAHNE-CREME)
150 g Bitterschokolade
150 g Sahne

FÜR DEN RUMSIRUP
100 g Zucker
100 ml Wasser
50 ml Rum

AUSSERDEM
Puderzucker nach Belieben
Schokowaffeln zur Dekoration

ZUBEREITUNG

Butter, Puderzucker und die Eigelbe mit dem Mixer in einer Schüssel aufschlagen. Die Schokolade im Wasserbad schmelzen lassen – besser geht das in der Bain-Marie. Die geschmolzene Schokolade zur aufgeschlagenen Mischung geben.

In einer zweiten Schüssel das Eiweiß und den Zucker mit dem Mixer luftig aufschlagen. Die Butter-Schokoladen-Mischung mit einem Spatel vorsichtig unterheben. Zuletzt Mehl und Backpulver hinzufügen.

Vier Muffinförmchen mit Butter ausstreichen, mit der Mischung füllen. Bei 175 Grad im Backofen 15 Minuten backen. Aus dem Backofen nehmen, auf einem Kuchengitter auskühlen lassen.

Für den Biskuit die Eier mit dem Zucker im Wasserbad schaumig schlagen. Mehl und Kakaopulver portionsweise durch ein Sieb dazugeben und mit einem Teigspatel vorsichtig einarbeiten.

Den Backofen auf 180 Grad vorheizen. Eine kleine Backform mit Butter einfetten, mit Mehl ausstreuen und drei Viertel hoch mit der Biskuitmasse befüllen. Im Ofen ca. 20–25 Minuten backen. Herausnehmen, auf ein Kuchengitter stürzen. Anschließend den Biskuit mit einer runden Form ausstechen.

Für das Aprikosengelee: Das Aprikosenfruchtfleisch mit Zucker einkochen. Die Blattgelatine in kaltem Wasser auflösen. Sobald das Aprikosenkompott zu karamellisieren beginnt, den Topf vom Herd nehmen, die aufgelöste Gelatine dazugeben und alles mit dem Stabmixer gut vermischen. Das Gelee auf vier Muffinförmchen verteilen (ca. 2 cm dick) und in den Kühlschrank stellen.

Für die Ganache: Die Schokolade zerhacken und in eine Schale füllen. Die Sahne auf mittlerer Hitze erwärmen, über die Schokolade gießen und 5 Minuten stehen lassen. Dann mit einem Schneebesen zu einer homogenen Masse glatt rühren und in den Kühlschrank stellen.

In der Zwischenzeit Zucker und Wasser in einem Topf erhitzen. Den Rum dazugeben und Topf vom Herd nehmen. Abkühlen lassen und in den Kühlschrank stellen.

Zum Anrichten zuerst das Aprikosengelee auf vier Teller verteilen. Die Biskuittaler mit Rumsirup beträufeln und auf die Geleescheiben legen. Zum Schluss die Schoko-Ganache daraufsetzen. Nach Belieben mit Puderzucker und einer hauchdünnen Schokowaffel dekorieren. ◐

In der behaglichen »Trattoria La Toretta« werden Gäste wie Freunde empfangen

LINSEN, LAMM UND MEHR

Umbriens Köche sind stolz auf ihre lokalen Delikatessen. Hier unsere Favoriten – vom rustikalen Wirtshaus bis zum Sterne-Restaurant

TRATTORIA LA TORRETTA

Stefano Salvucci und sein Bruder Elio behandeln ihre Gäste wie Freunde: aufmerksam und mit aufrichtigem Interesse an ihrem Wohlbefinden. Auf den Tisch in der hellen, rustikal-eleganten Trattoria kommen Klassiker wie Strangozzi mit Tomatensoße, getrüffelter Reisauflauf, Tagliata mit Steinpilzen und Haselnusseiscreme – alles hausgemacht und lecker.
67 *Spoleto, Via Filitteria 43, Tel. 0743-449 54, www.trattorialatorretta.com; Di geschlossen*

LA CANTINA DI SPELLO

In diesem Lokal ist wirklich alles typisch umbrisch: die Gnocchi aus roten Colfiorito-Kartoffeln, das Kartoffelsoufflé mit schwarzen Trüffeln, das Beefsteak vom Rind aus dem Valnerina-Tal. Sogar die Keramikteller und -schüsseln, auf denen diese schmackhaften Gerichte serviert werden, werden in der Region hergestellt. Die Brüder Benedetti machen ihre Gäste mit einfachen, saisonalen Gerichten im nostalgischen Ambiente bei Kerzenlicht froh. Auf ihrer Weinkarte führen sie die besten Weine aus der Region.
68 *Spello, Via Cavour 2, Tel. 0742-65 17 75, Tel. (mobil) 339-161 96 24, www.lacantina dispello.com*

OSTERIA STRACCAGANASSE

Viele Einheimische sitzen hier abends im Zentrum des mittelalterlichen Städtchens Bettona im schönen Palazzo Baglioni. Im Gewölbesaal servieren Roberta Damini und Silvano Romani herzhafte Traditionsgerichte, einfach und fein, mit lokalen Delikatessen: Omelette mit Trüffeln, Tagliatelle mit Gänseragout, glasiertes Schweinefilet. Dazu gibt es Weine aus der Region, die auch glasweise ausgeschenkt werden, zu fairen Preisen.
69 *Bettona, Corso Marconi 4, Tel. (mobil) 338-671 75 99, www.stracca ganasse.it; Mo bis Mi geschlossen*

Im Gewölbesaal der »Osteria Straccaganasse« gibt's herzhafte Gerichte

VESPASIA – PALAZZO SENECA

Im eleganten Sterne-Restaurant wird die klassische umbrische Küche von einem Meister seines Fachs modern interpretiert. Chef Emanuele Mazzella bereitet Porchetta mit Entenleber, Tauben in Biersoße, Gemüsesuppe aus Castelluccio-Linsen und andere Köstlichkeiten zu. Die werden kunstvoll auf den Tellern arrangiert. Auch die Desserts sind sehr zu empfehlen, zum Beispiel Trüffel-Nuss-Eis – zum Süchtigwerden! Nach einem Abend mit passender Weinauswahl kann man im dazugehörigen »Palazzo Seneca« übernachten, dem schönsten Hotel von Norcia.
70 71 *Norcia, Via Cesare Battisti, Tel. 0743-81 74 34, www.palazzoseneca.com, DZ/F ab 128 €*

Tiefe Sessel, große Lampen, Sterne-Küche: das »Vespasia« in Norcia

LA CANTINA DEL BARTOCCIO

Die winzige Cantina an der Piazza von Trevi ist der ideale Ort für einen Imbiss. Simone Gambacorta Casagrande bietet flott zuberei-

tete Appetithappen, zum Beispiel Bruschetta, Schinken und Mozzarella, Cannelloni mit Entenbrust und Radicchio mit Gorgonzola. Diese werden mit einem Glas Orvieto Classico oder Sagrantino Rosso perfekt abgerundet. Die Holztische und Stühle auf der Terrasse sind schlicht, aber die Küche ist ordentlich, dazu gibt's den schönen Blick über die Piazza.
72 *Trevi, Piazza Giuseppe Mazzini 7, Tel. 0742-784 08*

Salami, Käse und guter Wein locken an den Tresen der »Vineria San Fortunato«

VINERIA SAN FORTUNATO

Das netteste Weinlokal in Todi – direkt neben der Treppe zur Kirche San Fortunato gelegen. Man sitzt an schlichten Holztischen unter der Gewölbedecke und isst gute Hausmannskost zu zivilen Preisen: Salami-, Schinken- und Käseplatten, Nudeln mit Trüffeln, Umbricelli mit Salbei und zum Nachtisch Torta della Nonna. Und dazu gibt es all die feinen Rot- und Weißweine aus der Region. Die genießen die Einheimischen am liebsten draußen auf der Terrasse mit Blick auf die Altstadt.
73 *Todi, Piazza Umberto I 5, Tel. 075-372 11 80, Tel. (mobil) 392-371 41 40, www.facebook.com/Vineria-San-Fortunato-1452907271611923*

I SETTE CONSOLI

Seit 25 Jahren steht Küchenchefin Anna Rita am Herd und verfeinert umbrische Traditionsgerichte. Köstlich ist ihre Variation der Bohnensuppe, die sie mit Mazzancolle-Shrimps serviert. Aber auch das Risotto mit frischen Kräutern und schwarzem Knob-

Der schönste Platz für einen Sagrantino: »L'Alchimista« an Montefalcos Piazza

lauch, die geschmorte Lammschulter mit Artischocken oder die glasierte Entenbrust mit Zitrus-Aromen sind eine Verlockung. Im schönen Garten sitzt man unter Palmen und Orangenbäumen – mitten in Orvieto und doch abseits des Trubels.
74 *Orvieto, Piazza Sant'Angelo, Tel. 0763-343911, www.isetteconsoli.it; So abends und Mi geschlossen*

L'ALCHIMISTA

Das 431 Meter hoch gelegene Dorf Montefalco hat sich in den vergangenen fünfzehn Jahren zu einer Hochburg für Weinfans entwickelt. Von den umliegenden Hügeln stammt der Sagrantino, einer der besten Rotweine Italiens, gekeltert von Spitzenwinzern wie Antonelli, Paolo Bea und Arnaldo Caprai. Den körperreichen Roten genießt man am besten in diesem lässigen Restaurant direkt an der schönen Piazza. Dazu gibt es umbrische Klassiker mit modernem Twist wie Gnocchi in Sagrantino, Lasagne mit Radicchio und Steinpilzen, Strangozzi mit Trüffeln, getrüffeltes Kaninchen und vieles mehr.
75 *Montefalco, Piazza del Comune 14, Tel. 0742-37 85 58, www.ristorantealchimista.it; Di geschlossen*

VILLA RONCALLI

Maria Luisa Scolastra hat das Restaurant der Villa mit frischen Ideen auf Umbriens kulinarische Landkarte gesetzt. Bekannt ist sie bei uns durch ihr auch auf Deutsch erschienenes Kochbuch. Maria kocht regional, mit lokalen Zutaten. Im Piano Nobile, dem Hauptgeschoss des eleganten Hauses, serviert sie Linsensuppe mit Langusten, Schwein mit Wacholderbeeren und Gemüserisotto mit Entenbrust.
76 *Foligno, Viale Roma 25, Tel. 0742-39 10 91, www.villaroncalli.com; Mo geschlossen*

L'U WINEBAR

Das beste Restaurant von Torgiano (»Le Melograne« im Hotel »Le Tre Vaselle«) ist leider wegen Renovierung vorübergehend geschlossen. Hier die Alternative: Nur ein paar Schritte weiter hat die umbrische Winzerfamilie Lungarotti, der auch das Luxushotel gehört, eine gemütliche Weinbar eröffnet. In der umgebauten Brennerei wird moderne Landküche aufgetischt: Carpaccio mit Trüffeln, Tagliatelle mit Steinpilzen, Ossobuco und Weintraubenpüree mit Joghurt-Eis, verfeinert mit den hervorragenden Weinen und Olivenölen, die Familie Lungarotti schon seit Jahrzehnten produziert.
77 *Torgiano, Via Fratelli Bandiera 75, Tel. 075-988 79 42 oder Tel. (mobil) 333-368 63 98, www.luwinebar.it*

Weinregal, Speisekarte und Bildergalerie sind im »Civico 25« stets gut bestückt

CIVICO 25

Hier ist es immer rappelvoll. Die Osteria in Perugias Altstadt gehört zu unseren Lieblingsadressen. Die Einrichtung im Bistro-Stil, mit Papiertischtüchern, modernen Gemälden und historischen Plakaten, die Regale voller Weinflaschen, eine kleine Galerie und einige im Freien aufgestellte Tische – all das schafft eine entspannte Atmosphäre. Auch die Küche macht froh: Chef Riccardo serviert Klassiker wie Tatar vom Chianina-Rind, Tintenfisch mit Kartoffeln, Gnocchi mit Trüffeln, Strangozzi mit Lammragout und Brasato al Sagrantino (Schmorbraten). Gut sortierte Weinkarte (400 Positionen) mit ausgezeichneten Etiketten aus Umbrien und der Toskana.
78 *Perugia, Via della Viola 25, Tel. 075-571 63 76, www.civico25.com; So geschlossen*

Maria Luisa Scolastra steht in der »Villa Roncalli« in Foligno am Herd. In Deutschland ist sie durch ihr Kochbuch bekannt geworden

Im Inneren der Klosterkirche haben die Maler der Spätrenaissance ganze Arbeit geleistet; gut erhaltene Fresken überziehen Wände und Gewölbe. Ordensgründer Johannes Gualbertus bekam hier sein Grabmal

Der Tipp von Padre Lorenzo, dem Klostervorsteher der mächtigen Abbazia San Michele Arcangelo a Passignano in den Chianti-Hügeln bei Tavarnelle, ist Gold wert: »Kommen Sie am Sonntag nach der Elf-Uhr-Messe.« Im Dörfchen Badia a Passignano sind gut 50 Einwohner gemeldet. Viele der alten Steinhäuser an der Hauptstraße unterhalb der Klosteranlage füllen sich nur noch im Sommer mit Leben. Es gibt weder einen Laden noch eine Bar, nur drei viel besuchte Lokale. Wahrscheinlich begegnet man auf der Straße eher einem Restaurant- oder Abteibesucher als einem Dorfbewohner. Zum Glück leben wieder einige Mönche in der Abtei, die für die Leute aus der Umgebung regelmäßig Gottesdienste abhalten. »Wir sind froh darüber, denn es gibt seit Jahren keinen anderen Treffpunkt mehr für uns Einheimische«, sagt Assunta Pelli, die sich nach der Messe zu Padre Lorenzo gesellt.

Die Signorina, wie unverheiratete Frauen auf dem Land nach wie vor genannt werden, hat ihr ganzes Leben – 84 Jahre – im Schatten der Vallombrosaner-Abtei aus dem 11. Jahrhundert verbracht und miterlebt, wie das Leben sich veränderte. »Bis in die 1970er-Jahre waren wir ein richtiges Dorf mit gutem Zusammenhalt. Kinder spielten auf der Straße, Feste wurden gefeiert. Es gab einen Lebensmittelladen, ein Haushaltswarengeschäft, den Postschalter, die Bar Tabacchi und die Casa del Popolo, wo man sich zum Kartenspielen und Tanzen traf.« Auch die Grundschule, die sie besucht hatte, existierte noch.

Aufgewachsen ist Assunta Pelli in dem Haus, wo sich heute »L'Antica Scuderia« befindet, das älteste Restaurant von Badia. Es gehörte damals, wie alles im Umkreis, der Familie Dzieduszycki. Das polnische Grafengeschlecht hatte 1870 das Klostergut mit 39 Pachthöfen und rund 1300 Hektar Land von der italienischen Regierung gekauft, die vier Jahre zuvor sämtliche Besitzungen des Kirchenstaates beschlagnahmt hatte. Die Grafen bauten die schlichte Klosteranlage zu einem Herrenhaus im neugotischen Stil um. Wie seit Jahrhunderten arbeiteten sämtliche Familien für das Klostergut. Sie bewirtschafteten die Höfe in Halbpacht und hielten die Villa samt Garten in Ordnung. Einzige Ausnahmen waren Assuntas Vater, der Postvorsteher, und Cantoniere Cozzi, der für die Gemeinde die unbefestigte Zugangsstraße in Schuss hielt.

»Der Anfang vom Ende begann mit der Abschaffung der Halbpacht.« Assunta Pelli erinnert sich mit Wehmut an diese radikale Veränderung in den 1950er-Jahren. Sie verstand jeden, der einen Schlussstrich unter ein Leben voller Entbehrungen ziehen wollte und Arbeit in einer der Fabriken suchte, die überall aus dem Boden schossen. Gleichzeitig tat es ihr in der Seele weh, wie das Leben im Ort langsam erlosch. Viele, die anfangs noch zwischen Badia und ihrem Arbeitsplatz in Tavarnelle oder im 30 Kilometer entfernten Florenz pendelten, zogen weg. Knapp 20 Familien blieben und arbeiteten weiter für die umliegenden Weingüter oder pendelten. Darunter Assunta Pelli, die bei den häufig wechselnden Besitzern des Herrenhauses eine Anstellung als Haushaltshilfe fand. Weil keiner mehr auf den Feldern arbeiten wollte, war das Gut samt Klostergebäude stückweise verscherbelt worden. Zwar wurde den ehemaligen Halbpachtbauern das Vorkaufsrecht eingeräumt, doch nur wenige machten davon Gebrauch. Viele Häuser sind mittlerweile im Besitz von Liebhabern aus dem In- und Ausland. »Eins gehört sogar Königin Beatrix aus den Niederlanden«, verrät die alte Frau mit gewissem Stolz.

Dorfbewohner wie (v.u.) Maria Grazia Bartolini, Franco und Carla Cozzi und Maria Pelli, die mit ihrer Schwester Assunta zusammenwohnt, beschwören das Gemeinschaftsgefühl

Das Klostergebäude selbst wurde 1986 vom Vallombrosaner-Orden zurückgekauft, nicht zuletzt, weil hier 1073 ihr Ordensgründer, der Heilige Johannes Gualbertus, gestorben war. Die toskanische Winzerfamilie Antinori erwarb das Land.

Assunta Pelli lebt im letzten Haus am Ortsausgang, vom Vater gebaut. Mit ihrer ebenfalls unverheirateten Schwester Maria bewohnt sie das obere Stockwerk, während im Erdgeschoss der ältere Bruder mit seiner Frau lebt. Deren einzige Tochter ist vor Jahren mit Ehemann und Kindern weggezogen.

Für Assunta Pelli blieb der Ort ein Paradies, bislang verschont von den Katastrophen, die täglich über den Bildschirm flackern – Wetterkapriolen, Flüchtlingsdramen, Drogenkriminalität. Einziger Wermutstropfen: »Ich würde mich gern öfter mit den Frauen auf einen Plausch treffen, so wie früher, als wir uns nach dem Tagwerk gemeinsam vor die Häuser setzten.« Wird ihr die Stille in der Wohnung zu laut, spaziert sie zum anderen Ende von Badia a Passignano. Neben dem Sterne-Restaurant »Osteria di Passignano« wohnen zwei alteingesessene Familien. Die Bartolinis und Cozzis stellen heute ein gutes Drittel der Einwohner. Mit fünf Kindern – bei den Cozzis sind es zwei, bei den Bartolinis drei – bilden sie darüber hinaus ein Bollwerk gegen die weitere Vergreisung im Ort.

Die 40-jährige Maria Grazia Bartolini ist mal wieder auf dem Weg zum Auto, um Sohn Lorenzo und seinen Freund Michelangelo Cozzi zum Fußballverein nach Tavarnelle zu bringen. Eine Notwendigkeit nennt sie die Entscheidung, mit den Schwiegereltern unter einem Dach zu leben: Drei Kinder in einem abgelegenen Ort großzuziehen sei nur möglich, weil die Großeltern sich um sie kümmern, wenn die Arbeitszeit von ihr und ihrem Mann mit dem Stundenplan oder dem Freizeitprogramm der Kinder kollidieren.

Zypressen und Weinberge umrahmen die imposante Abtei, die im 11. Jahrhundert gegründet wurde. Ihr märchenhaftes Aussehen mit Zinnen und Türmchen verdankt sie späteren Privatbesitzern

AD ASTRA Hinter dieser Tür verbirgt sich keine Puppenstube, sondern ein Hotelzimmer (r.) im lässigen Vintage-Look (mehr auf S. 89)

Süße Träume

Bitte nicht stören! Hier finden Sie Ruhe – sogar mitten in Florenz, wo der erste Stock eines herrschaftlichen Palazzo in ein charmantes B&B verwandelt wurde. Ob edles Weingut, rustikaler Bauernhof, elegante Villa oder Kunsthotel – wir stellen Ihnen 18 ganz besondere Urlaubsdomizile vor

TEXT **KORNELIA DIETRICH, RALF FRÄDTKE, ANNETTE RÜBESAMEN**

TIA PLENA
ADIVTOR I OPPORTVNITATIB

Die Dimension der Klosterküche zeugt davon, dass hier einst mehr als nur ein paar Mönche verköstigt wurden. Im Kreuzgang haben heute auch Besucher der Abtei viel Platz zum Wandeln

Es bleibt eine organisatorische Meisterleistung, den Haushalt, die Bedürfnisse der Kinder, ihren Halbtagsjob als Erzieherin und ein Aufbaustudium als Grundschullehrerin an der Universität Florenz unter einen Hut zu bringen. Maria Grazia Bartolini und ihr Mann haben oft darüber nachgedacht, nach Tavarnelle zu ziehen, wo die Kinder zur Schule gehen und sie ihren Job hat. »Der Plan ist jedes Mal am Veto von Lorenzo, Matteo und Sofia gescheitert. Sie haben hier ihre Freunde und ihre Freiheit.« Dass die Kinder ihre Liebe zu der herrlichen Landschaft und zur imposanten Abtei teilen, ist für Maria eine große Befriedigung.

»Jetzt müssen wir dafür sorgen, dass wir nicht weiter ins Abseits gedrängt werden«, mischt sich der 15-jährige Lorenzo ins Gespräch. Wie sein Freund Michelangelo findet der Teenager, dass drei Restaurants für den Ort zu viel sind. Die Betreiber führten sich auf wie die Herren von Badia a Passignano. Trotz der Beanstandungen täten sie nichts dagegen, dass die Zufahrt zu ihrem Haus ständig von parkenden Autos blockiert würde oder wildfremde Menschen bei ihnen auf der Terrasse stünden, um die Aussicht zu genießen. Zeit, dass man sich zur Wehr setze. »Wir brauchen wieder eine Art Casa del Popolo, wo die Bewohner gemeinsam die Abende verbringen können. Dann wird auch das Gemeinschaftsgefühl wieder wachsen.« ◐

Info

ANSEHEN

Abbazia di San Michele Arcangelo a Passignano
Die Restaurierung des Abendmahl-Freskos von Domenico Ghirlandaio im Refektorium hat es möglich gemacht: Es gibt wieder Führungen, manchmal sogar von Prior Lorenzo Russo persönlich. Sehenswert ist auch die riesige Klosterküche. Statt Eintrittsgeld wird um eine Spende gebeten. **79** *Tavarnelle Val di Pesa, Loc. Badia a Passignano, Tel. 055-807 11 71; Besichtigung 10–12 und 15–17 Uhr, So Vorm. und Do geschl.*

ERLEBEN

Direkt an der Abtei beginnen zwei ausgewiesene Rundwanderwege. **80** *Info: Ufficio Turistico in Tavarnelle, Piazza Matteotti 39, Tel. 055-805 08 1*

ESSEN

Osteria di Passignano
Das Gourmetlokal der Weindynastie Antinori hat einen Michelin-Stern. **81** *Via Passignano 33, Tel. 055-807 12 78. www.osteriadipassignano.com*

Ristoro L'Antica Scuderia
Rustikaler Landgasthof mit toskanischen Gerichten, abends auch Holzofen-Pizza. **82** *Via Passignano 17, Tel. 055-807 16 23, www.ristorolanticascuderia.com*

La Cantinetta di Passignano
Seitdem Lorenzo Abbarchini in der Küche regiert, gibt es außer einem Aperitivo mit Blick auf die Weinberge auch raffinierte Fischküche. **83** *Via di Greve 1a, Tel. 055-807 19 75, www.lacantinettadipassignano.it*

Wer wohnt eigentlich in Badia a Passignano?

Dreifaltigkeit in den Hügeln des Chianti: Die mächtige Abtei und das renommierte Weingut gleichen Namens locken Besucher, und in den Schatten der Klosteranlage schmiegt sich ein winziges Dörfchen

TEXT **CHRISTIANE BÜLD-CAMPETTI** FOTOS **FABIO MUZZI**

dolce farnient

IL SALVIATINO Ein Barockgarten umgibt die elegante Villa, die eine Welt für sich verspricht – mit Florenz in Sichtweite

{ BESONDERE KENNZEICHEN? DAFÜR STEHEN DIESE SYMBOLE:

unter 100 Euro *Agriturismi* *Luxus*

HOTEL BELLAVISTA, CHIANTI

SEIT 1906 BETREIBT FAMILIE BECUCCI ihr Hotel an der schönen Piazza von Impruneta. Die 19 Zimmer sind schlicht und auf sympathische Weise altmodisch, mit Fensterläden, Cottoböden und Holzmöbeln. Für heiße Tage haben sie eine Klimaanlage, für kalte – das Hotel ist ganzjährig geöffnet – eine Heizung. Im Restaurant kommen traditionelle toskanische Gerichte auf den Tisch, sommers im schattigen Garten. Aber mein Lieblingsplatz ist die Dachterrasse über der Piazza, mit Blick zum Uhrturm und dem Laubengang der Kirche Santa Maria. RF

84 *Impruneta, Via della Croce 2, Tel. 055-201 10 83, www.bellavistaimpruneta.it, DZ/F ab 65 €*

AGRITURISMO LE VOLPAIE, CHIANTI

IM CHIANTI GIBT ES VIELE GUTSHÖFE, die Gästezimmer vermieten. Warum »Le Volpaie« (Bild s. S. 88) zu unseren Favoriten zählt? Weil die Wohnungen noch typisch toskanisch eingerichtet sind, rustikal, aber charmant, mit Balkendecken und geblümten Vorhängen, mit schlichten Holzmöbeln und teilweise mit offenen Kaminen. Weil es im Garten nach Rosen und Lavendel duftet, es zwei große Holztische unter einer strohgedeckten Pergola gibt und sogar einen kleinen Pool. Am schönsten aber ist die Aussicht: Weit geht der Blick über Weinberge, über die Villa Vignamaggio – wo der Legende nach Leonardo da Vincis Mona Lisa zur Welt kam –, fast bis nach Florenz, die Lichter sieht man abends in der Ferne. Autos fahren selten über die *strada bianca*, den Schotterweg, der hinter dem Haus vorbeiführt. Stattdessen kommt morgens eine Rehmutter mit ihrem Kitz aus dem Wäldchen am Ende des Grundstücks. Die Eigentümer sind herzliche Gastgeber: Juliane Konrad, seit Jahrzehnten in der Toskana zu Hause, serviert morgens das Frühstück, und Paolo Socci freut sich, wenn er bei einer Weinprobe seine Chiantis vorführen und die Geschichte des Weilers Lamole erzählen kann. KD

85 *Greve in Chianti, Via di Lamole 70, Tel. 055-854 70 65 www.fattoriadilamole.it, DZ/F ab 100 €, Apt. (4 Pers.) ab 850 €/Woche*

IL SALVIATINO, BEI FLORENZ

MANCHMAL FINDEN HIER DREI HOCHZEITEN an einem Tag statt – so beliebt sind die Fotomotive im Barockgarten mit Blick auf die mächtige Kuppel des Doms von Florenz. Auch drinnen hat die weiße Villa aus dem 15. Jahrhundert viel zu bieten: die hohen Säle mit Terrazzoböden, antiken Möbeln und herrlichen Blumenarrangements; die Bibliothek mit Holzregalen und Ledersofas; die Zimmer und Suiten mit einem Mix aus schicken Designermöbeln, Antiquitäten und dem Charme der schönen Räume mit alten Parkettböden und hohen Fenstern. Pool und Spa gibt es natürlich auch. Und das hervorragende Restaurant, dessen hausgemachte Pasta und gegrillte Delikatessen mit der wunderbaren Aussicht von der Terrasse konkurrieren. KD

86 *Fiesole, Via del Salviatino 21, Tel. 055-904 11 11, www.salviatino.com, DZ/F ab 390 €*

VILLA MEDICEA DI LILLIANO, BEI FLORENZ

SELBST EIN EINGEFLEISCHTER SINGLE wird im Garten der »Villa Medicea« anfangen, vom Heiraten zu träumen: in der hauseigenen Kapelle, mit Empfang zwischen Zitronenbäumen und Springbrunnen, und einer Festtafel auf der Terrasse mit Blick auf den Hügel und die Domkuppel von Florenz. Romantische Hochzeiten gehören zum Kerngeschäft der Malenchinis, die das über 500 Jahre alte Medici-Anwesen erwarben. Die Familie baut auch Wein an, presst Olivenöl – und vermietet Ferienunterkünfte auf Aristokraten-Niveau. In einem Anbau gibt es fünf Suiten, die sich ein geräumiges Wohnzimmer mit Küche und einen eleganten Innenhof mit Pool teilen. Ein paar Schritte weiter haben die Malenchinis in einem ehemaligen Kloster zudem fünf großzügige Apartments eingerichtet, mit modernen Leuchten, bunten Küchenzeilen und grün gekachelten Bädern. Der perfekte Rahmen für ein paar Tage Ehe auf Probe. AR

87 *Bagno a Ripoli, Via Lilliano e Meoli 82, Tel. 055-64 26 02, www.medicivilla.com, Apartment ab 225 €, Suite ab 145 €*

ALEXANDER MUSEUM PALACE HOTEL, MARKEN

SECHS HOTELS hat Conte Alessandro-Ferruccio Marcucci Pinoli di Valfesina: drei in Urbino, drei in Pesaro. Schön sind sie alle – aber das »Alexander« bezeichnet er als sein Herzensprojekt. →

ALEXANDER MUSEUM PALACE HOTEL Freizügig empfangen »Le Bagnanti« von Sandro Chia – das Kunsthotel steht ja am Strand

PALAZZO PACINI Aus dem feudalen Bett im Zimmer »Della Duchessa« lockt höchstens ein fulminantes Frühstück

Eigentlich ist es ein Museum, in dem man auch wohnen kann. 63 Zimmer hat das weiße Haus am Strand von Pesaro, und jedes wurde von einem anderen Künstler gestaltet: Nummer 112 ist ein großes Eckzimmer, in schlichtem Weiß gehalten, mit Blick aufs Meer, das dadurch noch blauer wirkt. »Luci del Mare« heißt es, geschaffen vom Pesarischen Künstler Oscar Piattella; an der Wand zwei Mosaike aus glitzernden Steinchen, umgeben von Kreisen aus Sand, die an die Dreamtime-Zeichnungen der australischen Ureinwohner erinnern. Paola Magrini hat in Nummer 304 die Wände völlig mit Blumen ausgemalt, Regina Stelchow die 218 mit Tauchern dekoriert. Mehr als 100 Künstler hat der Hotelier und Mäzen beauftragt, um in seiner Heimatstadt dieses Privatmuseum zu gestalten. Ein ernster schwarzer Mann aus Holz von Mimmo Palladino wacht am Eingang, eine Armada von Kopflosen steht an der Mauer im Garten, und zwei große nackte Bronzefiguren von Sandro Chia liegen in der Lobby. »Ich möchte die Welt ein wenig besser machen«, sagt der Conte, »Kunst ist dafür der beste Weg.« RF

88 *Pesaro, Viale Trieste 20, Tel. 0721-344 41, www.alexandermuseum.it, DZ/F ab 69 €*

VILLA MONTEBELLO, WESTLICHE TOSKANA

THOMAS RÜMMELE HAT ALS INGENIEUR in Deutschland Krankenhäuser gebaut und die Tunnel für die ICE-Trassen der Bahn. Heute sind seine Projekte kleiner und feiner: In den Hügeln über der Versilia-Küste hat er zwei Ferienhäuser restauriert und eine Villa in ein charmantes Bed & Breakfast verwandelt. Ein Kleinod mit zwei Zimmern und zwei Suiten für je vier Gäste, mit Garten, Lobby, Pool und Patio. Aus dem Schafstall machte er ein gemütliches Poolhaus mit Korbsesseln und bequemen Sofas. Das Frühstück mit hausgemachter Feigenmarmelade und vielen Leckereien wird unter Olivenbäumen serviert. Alles ist schick und bis in Detail durchdacht, und dennoch wirkt nichts angestrengt – die perfekte Ferienadresse. KD

89 *Camaiore, Via Montebello 144 b, Tel. (mobil) 345-637 37 78, www.villa-montebello.com, DZ/F ab 175 €, die »Villa Colombaia« im Nachbarort kann als Ferienhaus gemietet werden*

PALAZZO PACINI, ZENTRALTOSKANA

HEIKE WENDT HAT IN COLLE DI VAL D'ELSA gleich doppeltes Glück gefunden: Erstens mit Pietro Fratiglioni, der eigentlich Apotheker von Beruf ist, aber in seiner Heimatstadt voller Begeisterung eine Enoteca betreibt (»Ich verkaufe jetzt Medizin für die Seele«). Und zweitens mit dem Palazzo Pacini, einem eleganten, herrschaftlichen Bau aus dem 15. Jahrhundert. »Sechs Lkw-Ladungen voller Schrott und heruntergekommener Möbel haben wir hinausgeschafft, ehe wir überhaupt mit der Renovierung beginnen konnten«, sagt die gebürtige Bremerin und lacht. Danach war Platz für 14 Zimmer und Suiten, für feine Stoffe von Rubelli und Mosaiken von Bisazza, für schöne Teppiche, Stilmöbel und Antiquitäten. Mein Lieblingszimmer? Die »Suite degli Sposi« mit ihrem geheimnisvoll grün schimmernden Bad und der privaten Terrasse. Oder »Savonarola«, unterm Dach, mit schöner Balkendecke. Oder »Signora in Rosa«, wo man aus zwei Fenstern über die Altstadt blickt ... Egal, für welches man sich entscheidet, in der Küche können sich die Gäste mit Wasser, Tee oder Kaffee bedienen. Das Frühstück wird auf einer gemütlichen Terrasse serviert. Und da kommen auch nach 35 Jahren im Süden noch die deutschen Wurzeln von Signora Heike durch: Statt des in Italien üblichen frugalen *cornetto* mit Cappuccino gibt es köstliche Eierspeisen, herzhaften Käse und Schinken, dazu Obst, Gebäck und Joghurt. KD

90 *Colle di Val d'Elsa, Via Gracco del Secco 14, Tel. 0577-92 40 80, www.palazzopacini.com, DZ/F ab 90 €*

CASTELLO DI AMA, CHIANTI

LANGE WAR DER SCHÖNE WEILER AMA Weinhändlern vorbehalten, die hierherkamen, um erstklassige Chiantis und Supertuscans zu verkosteten. »Als wir die Installation von Louise Bourgeois gekauft haben, wurde uns klar, dass wir das nicht für uns allein behalten wollen«, sagt Lorenza Sebasti. Sie und ihr Mann Marco Pallanti produzieren nicht nur hervorragenden Wein, sie besitzen auch eine exquisite Sammlung zeitgenössischer Kunst mit Werken von Daniel Buren, Anish Kapoor und anderen. Die können Gäste jetzt bei einer Führung durch das Weingut besichtigen – und anschließend gleich zur Weinprobe bleiben, zum Essen in der Osteria oder zum Übernachten in einer der vier Suiten im Castello. Großzügig sind sie nicht nur in ihren Dimensionen, sondern auch in der Ausstattung: Bettwäsche von Frette, Vorhangstoffe von Pierre Frey, die Wassergläser von Riedel und das Teegeschirr von Ginori; der Tee kommt selbstverständlich vom feinen Florentiner Geschäft »La Via del Tè«. Mit einem Parfümeur hat Lorenza Sebasti die Kosmetikserie »Iris Mater« fürs Bad selbst entworfen. Im Salon des Schlosses bilden →

CASTELLO DI AMA Kerzen und Designerleuchten setzen in der Lounge die Fresken und antiken Möbel ins rechte Licht

VILLA MONTEBELLO Charmanter Service (l.), schicker Landhausstil, erfrischender Pool und schöne Aussichten

AGRITURISMO LE VOLPAIE Imbiss mit Aussicht am rustikalen Holztisch unter der Pergola am Pool (mehr auf S. 85)

PALAZZO NOBILE DI SAN DONATO Das Himmelbett ist echt, die duftige Wanddekoration gemalt in Trompe-l'œil-Manier

TORRE DI CALA PICCOLA Auf offener Bühne vor meerblauer Kulisse wird der Aperitif gekonnt inszeniert

die mit Fresken ausgemalten Wände einen spannenden Kontrast zu den radikal modernen Entwürfen des toskanischen Möbeldesigners Edra: den silbernen Pendelleuchten »Campana«, dem Schnürensessel »Vermelha« und den Patchwork-Sesseln aus schwarzem Leder. KD

91 *Loc. Ama, Gaiole in Chianti, Tel. 0577-74 60 31, www.castellodiama.com, Suite/F ab 300 €*

FATTORIA DEI COMIGNOLI, UMBRIEN

DAS NETTE KLEINE HAUS hat dicke Wände und vier gemütliche Zimmer mit alten Cottoböden und Holzmöbeln. Der Gastgeber Lanfranco Bartocci ist ein gebildeter, weit gereister Signore, mit dem man beim Frühstück über die Kunstschätze Umbriens plaudern kann. Der gute Geist des Hauses, Signora Roberta, backt jeden Morgen köstlichen Kuchen. Dazu ein hübscher Garten mit Pool – was will man mehr! RF

92 *San Martino in Colle, Via Umbria 1 A, Tel. 075-60 71 20, www.fattoriadeicomignoli.com, DZ/F ab 70 €*

PALAZZO NOBILE DI SAN DONATO, SÜDLICHE TOSKANA

»ALS MEINE MUTTER vor einigen Jahren starb, habe ich ihr versprochen, mein Leben zu ändern«, sagt Romana Mercadante di Altamura. Damals lebte die TV-Journalistin in Rom, »und ich habe nur gearbeitet«. Bis sie Freunde in der Toskana besuchte und sich in den schönen Weinort Montepulciano verliebte. Direkt an der Piazza Grande, neben dem Rathaus mit Blick auf den Dom, stand der prachtvolle Palazzo San Donato zum Verkauf. »Ich musste nicht lange überlegen, ich sah sofort ein kleines, exklusives Bed & Breakfast vor mir. Es macht mir Spaß, Menschen kennenzulernen und ihnen Italien zu erklären – hier gibt es so viel zu sehen und zu entdecken. Das teile ich gern.« Genau wie den Palazzo.Vier luxuriöse Suiten gibt es, in denen Gäste sich wie *Conte* und *Contessa* fühlen: fünf Meter hohe Decken, Fresken oder farbenfrohe Trompe-l'œil-Malereien, antike Möbel, und in einer Suite sogar einen Kamin. Dazu die Aussicht auf die majestätische Piazza Grande oder weit über das Val d'Orcia. Beim Frühstück im großen Salon bleibt kein Wunsch offen: edles Porzellan, hausgebackene Kuchen, Käse, Salami, frische Säfte und Früchte, feine Konfitüren, dazu der Blick über die sanften Hügel nach Pienza, die Schwalben, die zu Dutzenden den Himmel kreuzen – schöner kann der Tag kaum beginnen. RF

93 *Montepulciano, Via di San Donato 6, Tel. 0578-75 76 63, www.palazzosandonato.it, DZ/F ab 160 €*

PALAZZO MAGNANI FERONI, FLORENZ

SCHON OFT BIN ICH an diesem prachtvollen Renaissancepalast vorbeigelaufen – einem der schönsten im Borgo San Frediano, dem netten Handwerkerviertel auf der anderen Arnoseite, in dem es auch heute noch Werkstätten von Rahmenbauern und Silbermanufakturen gibt. Diesmal darf ich auch hinter die Fassade schauen, denn ich wohne in der »Suite Vittoria«. Sie ist fast so groß wie meine Wohnung in Hamburg, hat aber viel höhere Decken und ist mit schönen alten Möbeln und anderen Antiquitäten eingerichtet. Wahre Grandezza: der Frühstückssaal mit seinem riesigen Murano-Leuchter und der museumswürdigen Kassettendecke, der schattige Patio und die großzügige Lobby, in der ich mich nach der Museumstour bei Tee und Gebäck ausruhe, und die Dachterrasse, von der ich beim Aperitif die ganze Altstadt überblicke. RF

94 *Borgo San Frediano 5, Tel. 055-239 95 44, www.palazzomagnaniferoni.com, DZ/F ab 185 €*

TORRE DI CALA PICCOLA, MONTE ARGENTARIO

SCHON LIZ TAYLOR UND RICHARD BURTON waren in dieses Hotel verliebt. »Als sie in den 1960er-Jahren in Roms Cinecittà ›Cleopatra‹ drehten, kamen sie immer wieder her, um den Blick aufs Meer zu genießen«, sagt die Direktorin Stefania Marconi. Das Haus am Sarazenenturm über der kleinen Bucht war eines der ersten Hotels auf dem Monte Argentario. Es fügt sich mit seinen dicken Natursteinwänden, den Holzgeländern und weinberankten Mauern perfekt in die Landschaft ein – hier konnte Susanna Agnelli, die Schwester des ehemaligen Fiat-Chefs Giovanni Agnelli, als Bürgermeisterin den baulichen Wildwuchs verhindern, der andere italienische Küsten so verschandelt hat. Von den Balkonen der Zimmer und Suiten schaut man deshalb vor allem auf Pinien, Steineichen und Zypressen, auf duftende Macchia, die die Felsen überzieht – und von den schönsten aufs blau funkelnde Meer. Zum Schwimmen geht es in den Pool oder in die Felsbucht, wo Sonnenschirme und Liegen bereitstehen. Abends serviert Renato den Aperitif auf der Wiese mit Verve, als wäre der Rasen über dem Meer eine Opernbühne. RF

95 *Porto Santo Stefano, Via della Cala, Tel. 0564-82 51 11, www.torredicalapiccola.com, DZ/F ab 149 €; Liegen und Schirm im Bagno La Caletta 27 €/Tag*

AD ASTRA, FLORENZ

ZWEITER STREICH: Nachdem das Team um Designerin Betty Soldi und den Juristen Matteo Perduca vor zwei Jahren mit dem »Soprarno« in Florenz das erste schicke Hotel im Vintage-Stil eröffnete, folgte jetzt »Ad Astra« (Fotos s. S. 82/83), auf Deutsch: »zu den Sternen«, benannt nach der kleinen Sternwarte im Torrigiani-Park. Er ist der größte private Stadtgarten Europas, →

PALAZZO MAGNANI FERONI Das ist erst der Auftakt: Schon im Entree überwältigt antike florentinische Pracht die Gäste

zugänglich nur gegen Eintrittsgeld und mit Führung. Seit der erste Stock des gräflichen Palastes zum Bed & Breakfast umgestaltet wurde, können die Gäste der neun Zimmer den Ausblick und die Stille rund um die Uhr genießen, aus einigen Zimmern sogar von privaten Terrassen. Die große Veranda, auf der das Frühstück serviert wird, steht allen offen, genau wie der Garten, der mit Lavendel, duftenden Rosen und bequemen Sesseln und Sofas unterm Sonnensegel wie eine Lounge im Grünen wirkt. Hohe Räume, knarzendes Parkett, schöne alte Doppelflügeltüren, Kronleuchter und ein paar schicke Designermöbel fügen sich zum perfekten Rahmen für entspannte Urlaubstage. RF

96 *Florenz, Via del Campuccio 53, Tel. 055-075 06 02, www.adastraflorence.com, DZ/F ab 198 €*

LE CAMERE DEL CECCOTTINO, SÜDLICHE TOSKANA

LANGE SCHIEN ES IN PITIGLIANO immer stiller zu werden, doch inzwischen gibt es wieder ein paar mehr Bars und Restaurants in der Tuffsteinstadt – und ein nettes Bed & Breakfast: Im obersten Stockwerk eines alten Palazzo verbergen sich fünf hübsche, schlichte Zimmer mit hellen Möbeln und dunklen Holzböden, und die Dachterrasse bietet eine grandiose Aussicht. Extratipp: Gäste des Hotels bekommen im dazugehörigen Restaurant auf der Piazza 20 Prozent Rabatt. RF

97 *Pitigliano, Via Roma 159, Tel. 0564-61 42 73, www.ceccottino.com, DZ ab 80 €*

B&B SUVERETO, MAREMMA

BEI RADFAHRERN IST DAS BED & BREAKFAST im Zentrum des mittelalterlichen Weindorfes Suvereto schon längst ein sicherer Tipp. Der kleine Ort liegt rund zehn Kilometer östlich des Badeorts San Vincenzo – in der ruhigen Hügellandschaft der Toskana, die man gut mit dem Rad erkunden kann. In einem aufwendig renovierten Haus aus dem 16. Jahrhundert hat Simona Galerotti eine charmante Unterkunft eingerichtet. Deren sechs Zimmer sind schlicht, mit Cottoböden, Eisenbetten und altem Gebälk. Morgens wird im Parterre des Hauses gefrühstückt, auch auf der Terrasse werden die Tische gedeckt, die zwischen Palmen stehen. Auf Wunsch organisiert die Inhaberin Ausflüge zu den schönsten Weingütern der Region – zum Beispiel Petra, Sassicaia oder Antinori – und gibt nützliche Tipps für besonders schöne Rad- und Autotouren. RF

98 *Suvereto, Via F. Scaglione 4, Tel. 0565-82 97 35, Tel. (mobil) 334-612 75 83, www.bbsuvereto.it, DZ/F ab 60 €*

TENUTA DI CANONICA, UMBRIEN

EIN WACHTURM AUS DEM MITTELALTER mit Blick auf das Tibertal ist das Herz des Gutes im Süden Umbriens, der älteste Teil des Anwesens ist sogar noch älter: Die Grundmauern sind römischen Ursprungs. Dieses architektonische Kleinod hat Familie Fano in ihr Heim verwandelt – und in das vieler Feriengäste, zumindest für ein paar Nächte. Viele von ihnen sind Stammgäste und haben sich mit der Katze Tigratina, dem Hund Biancanegra und dem Papagei Mozart angefreundet. Nur acht Zimmer und drei Suiten gibt es, sie sind eingerichtet mit Antiquitäten und Fundstücken – hier ein paar chinesische Lampen, da ein bemalter Bauernschrank. Auf den alten Cottoböden liegen bunte Teppiche, in den großzügigen Salons wunderbare Kunstbände, auf dem Konzertflügel Notenblätter. Und im Kamin brennt ein Feuer – selbst bei schlechtem Wetter fühlt man sich hier behaglich. Auf dem riesigen Grundstück gibt es herrliche Terrassen, einen Pool und einen wunderbaren Garten voller Oleander, Rosen, Olivenbäume, Zypressen und Pinien. Abends wird ein köstliches viergängiges Menü serviert – man müsste das Anwesen eigentlich gar nicht verlassen. Aber morgen geht es nach Todi, ganz bestimmt! Oder vielleicht doch lieber übermorgen ... KD

99 *Todi, Vocabolo Casalzetta 75, Tel. 075-894 75 45, www.tenutadicanonica.com/de, DZ/F ab 130 €*

BAGLIONI HOTEL CALA DEL PORTO, TOSKANA-KÜSTE

PUNTA ALA IST SEIT JAHRZEHNTEN der Küstenzipfel in der Toskana, an dem die Reichen und Einflussreichen ihre Häuser haben und ihre Jachten im Hafen. Immer wieder habe ich gehört, dass deshalb auch die Autobahn einen weiten Bogen mache um die Halbinsel. Ob das tatsächlich stimmt, weiß ich nicht, aber es ist wirklich ein idyllisches Stück Hinterland, durch das der Weg von der Aurelia bis zum Hafen führt, über dem das Hotel steht. 37 elegante Zimmer und Suiten hat es, gehalten in unterschiedlichen Farben, mit gestreiften Wänden und Parkettböden, eingerichtet mit zeitlos-eleganten Möbeln und edlen Stoffen. Einen Balkon oder eine Terrasse haben sie alle, viele mit wunderbarer Aussicht über das Meer. Im Bad steht Kosmetik der sizilianischen Linie Ortigia, das Restaurant ist erstklassig, das Frühstück üppig, und der große Pool unter mächtigen Pinien macht dem Meer echt Konkurrenz. KD

100 *Punta Ala, Via Cala del Pozzo, Tel. 0564-92 24 55, www.baglionihotels.com, DZ/F ab 275 €*

IL FOLLONICO, SÜDLICHE TOSKANA

FABIO FIRLI IST EIN GASTGEBER, der mitdenkt: Mit dem Zimmerschlüssel überreicht er in seinem einsam gelegenen Bed & Breakfast immer auch gleich ein GPS-Navi. Das hat nicht nur die schönsten Besichtigungs- und Einkaufstipps einprogrammiert, sondern auch die Adresse des Hauses. Zuvor, erzählt der 46-jährige Fabio, sei es durchaus vorgekommen, dass sich ortsunkundige Gäste zwischen Weinbergen und Schotterstraßen bis nach Rom verirrt hätten. Er selbst stammt aus der Hauptstadt. Doch vor zehn Jahren zog er mit seiner holländischen Frau Suzanne und den drei kleinen Kindern aufs Land bei Torrita di Siena, wo die Familie einen verfallenen Bauernhof wieder herrichtete. Dort vermieten sie sechs extrem charmante Gästezimmer. Suzanne hat sie mit nordisch-puristischem Stilgefühl eingerichtet – hier ein Holzelement im Shabby Chic, dort zwei gerahmte Zeichnungen, auf dem Schreibtisch eine antike Reiseschreibmaschine, am Garderobenhaken ein roter Strohhut. Zwei Zimmer liegen im von Kletterrosen umrankten Anbau. Nichts Hässliches stört drinnen das Auge, und draußen auch nicht beim Blick auf die makellose Weinlandschaft und die beiden Städtchen Montefollonico und Montepulciano, die auf ihren Hügeln sitzen wie auf einem alten Gemälde. AR

101 *Montefollonico, Loc. Casale 2, Tel. 057-766 97 73, www.follonico.com, DZ/F ab 190 €* ◐

BAGLIONI HOTEL CALA DEL PORTO Die schönsten Liegeplätze haben die Gäste am Pool, nicht die Jachten im Hafen

TENUTA DI CANONICA Im Restaurant gibt es umbrische Köstlichkeiten, im Garten (r.) einen Pool und viele stille Plätze

FERIENADRESSEN MIT HEIMVORTEIL

Ein Apartment in San Gimignano? Ein Ferienhaus mit sensationeller Aussicht? Oder eine Landvilla mit Pool? Diese Spezialisten helfen Ihnen, das gewünschte Quartier zu finden – in der Toskana, in Umbrien und in den Marken

- **Neckermann, TUI, Airtours, ADAC Reisen, Dertour und Thomas Cook.** Kataloge dieser großen Veranstalter führen alle Reisebüros.
- **Cuendet, Tuscan Enterprises, Salogi, Posarelli.** Diese vier Anbieter sind auf Ferienhäuser in ganz Italien spezialisiert. Darüber hinaus offerieren die folgenden Spezial-Agenturen und Veranstalter weitere Ferienwohnungen, Häuser und Villen:
- **Agenzia Immobiliare Toscana Si!.** *Via del Reparto 29, I-58027 Ribolla, Tel. 0039-0564-57 96 31, www.ferientoscanasi.com*
- **Ars Toscana.** *Ringstr. 56, 83236 Übersee, Tel. 08642-596 58 70, www.ars-ferienhaus-italien.de*
- **Bella Casa Travel.** *Klever Str. 34, 47559 Kranenburg, Tel. 02826-30 80 30, www.bellacasa-travel.com*
- **Case in Italia.** *Landgerichtsgasse 2, 97702 Münnerstadt, Tel. 09732-918 80, www.caseinitalia.com*
- **Der Duft Toskana.** *Steinmauer 4, 63924 Kleinheubach, Tel. 09371-91 19 03 50, www.duft-toskana.com*
- **Domizile Reisen.** *Ammerseestr. 18, 82131 Gauting, Tel. 089-83 30 84, www.domizile.de*
- **E-Domizil.** *Taunusstr. 21, 60329 Frankfurt/M., Tel. 069-74 30 51 00, www.e-domizil.de*
- **Ferien im Grünen.** *CH-9428 Walzenhausen, Tel. 0041-71-880 06 06, www.toscana-ferien.ch*
- **Hämmerle Ferienwohnungen.** *Eugen-Papst-Str. 18, 81247 München, Tel. 089-27 37 10 84, www.toskana-spezial.com*
- **Idea Toscana.** *Paulstr. 36, 10557 Berlin, Tel. 030-39 74 24 47, www.ideatoscana.de*
- **Inter Chalet.** *Postfach 5420, 79021 Freiburg, Tel. 0761-21 00 77, www.interchalet.com*
- **Interhome.** *Hoeschplatz 5, 52349 Düren, Tel. 02421-12 20, www.interhome.de*
- **Italia-Casale.** *Manteuffelstr. 1, 12203 Berlin, Tel. 030-30 82 04 08, www.italia-casale.de*
- **ItaliaReisen.** *Wendelsteinweg 1, 85748 Garching, Tel. 089-329 46 80, www.italiareisen.de*
- **Italimar.** *Moltkestr. 91–95, 50674 Köln, Tel. (mobil) 0157-55 23 03 11, www.italimar.com*
- **Novasol.** *Gotenstr. 11, 20097 Hamburg, Tel. 040-219 97 11 82, www.novasol.de*
- **Olimar Reisen.** *Glockengasse 2, 50667 Köln, Tel. 0221-20 59 04 90, www.olimar.de*
- **Podere Acquarello.** *Dorfbreite 5 a, 85049 Ingolstadt, Tel. 0841-833 18, www.podere-acquarello.com*

- **ReNatour.** *Brunner Hauptstr. 26, 90475 Nürnberg, Tel. 0911-89 07 04, www.renatour.de*
- **Schraut Reisekontor.** *Eppendorfer Landstr. 76, 20249 Hamburg, Tel. 040-47 70 10, www.schraut-reisekontor.de*
- **Sempre Italia.** *Heideweg 3, 51588 Nümbrecht, Tel. 02293-90 25 90, www.sempre-italia.de*
- **Siglinde Fischer.** *Ahornweg 10, 88454 Hochdorf, Tel. 07355-933 60, www.siglinde-fischer.de*
- **Spezialreisen UHK.** *Kirchenweg 7a, 95326 Kulmbach, Tel. (mobil) 0157-80 21 94 42, www.kastner-marche-ital.de*
- **Terra Antiqua Toskana.** *Neuburger Str. 47, 85057 Ingolstadt, Tel. 0841-493 65 08, www.terra-antiqua.com*
- **Toscana à la carte.** *Wilhelm-Hertz-Str. 9, 72762 Reutlingen, Tel. 07121-382 58 54, www.toscanaalacarte.net*
- **Toscana Forum.** *Sondermeierstr. 110, 80939 München, Tel. 089-12 39 29 98, www.toscana-forum.de*
- **Toscana Mare.** *Raitlweg 2 und 7, 83313 Siegsdorf/Hammer, Tel. 08662-99 13, www.toscana-mare.de*
- **Toscana-Reisedienst.** *Menterstr. 125, 81247 München, Tel. 089-854 55 21, www.toscanareisedienst.de*
- **Toscana Sì!.** *Kolpingstr. 19, 44649 Herne, Tel. 02325-79 51 00, Tel. (mobil) 0151-56 14 28 46, www.toscana-si.de*
- **Toskana Exquisit.** *Charlottenweg 2, 71111 Waldenbuch, Tel. 07157-98 71 77, www.toskana-exquisit.de*
- **Toskanaferien+Wein.** *Suevenstr. 5, 50679 Köln, Tel. 0221-310 93 84, Tel. (mobil) 0163-888 27 08, www.toskanaferien-wein.de*
- **Toskana Spezial.** *Keltenstr. 19, 86316 Friedberg, Tel. (mobil) 333-415 83 10, www.toskanaspezial.de*
- **Trust & Travel.** *Kaiserstr. 41/2, Hof, A-1070 Wien, Tel. 0043-1-522 43 49, www.trustandtravel.com, Luxusvillen unter: www.excellence.villas*
- **Umbria Mia Oldtimerreisen.** *Seestr. 6, 83339 Chieming, Tel. (mobil) 0170-839 06 16, www.umbria-mia.com*
- **Vamos Eltern-Kind-Reisen.** *Hindenburgstr. 27, 30175 Hannover, Tel. 0511-400 79 90, www.vamos-reisen.de*
- **Vivere la Maremma – Reisen in die Toskana.** *Huberfeld 1, 82335 Berg, Tel. 08151-552 57, www.maremma-toskana.de*

Hochburg des Geldes: Vor dem Hauptquartier der Bank an der Piazza Salimbeni in Siena hält der Priester und Politiker Sallustio Bandini auf seinem Sockel tapfer die Stellung

Das Milliardending: Kredit für die Bank

Monte dei Paschi di Siena

Gegründet 1472

Jahrhundertelang liefen die Geschäfte prächtig: Die älteste noch bestehende Bank der Welt sicherte zuverlässig Sienas Wohlstand. Die Finanzkrise und hausgemachte Skandale haben sie jedoch in ihren Grundfesten erschüttert. Eine spannende Geschichte von Geldregen, Schuldenbergen und Bankgeheimnissen

TEXT **ANNETTE RÜBESAMEN**

Es ist Nacht in Sienas Altstadt. Dumpfes Trommeln erfüllt die Luft. Durch die Via Banchi di Sopra zieht eine kleine Menschenprozession, angeführt von jungen Männern in Knappenkostümen. Auf den schwarz-weißen Fahnen, die sie schwenken, prangt ein Wappen mit einer säugenden Wölfin. Die Menge dahinter sieht eher nach zeitgenössischem Alltag aus: Die Frauen und Männer tragen Aktentaschen und Einkaufstüten, schieben Buggys und unterscheiden sich von anderen Sienesen, die an diesem Novemberabend nach Hause eilen, nur durch ihre sorgsam geknoteten Halstücher, ebenfalls mit dem Wölfinnen-Wappen. Langsam wandert die Prozession durch die Gasse, eine finstere Schlucht im Stadtgebirge, mit Mauerwänden, die auf beiden Seiten senkrecht und lichtlos in die Höhe wachsen. Doch dann tut sich in der Steinwand auf einmal eine Lücke auf. Eine kleine Piazza steigt sanft nach oben an. Sie ist eingefasst von drei Palazzi, deren mittlerer, eine wuchtige gotische Burg mit Zinnen und Bogenfenstern, von Scheinwerfern geheimnisvoll beleuchtet wird. Die Piazza ist menschenleer, nur eine einsame Limousine parkt am Rand. Der Chauffeur lehnt rauchend an der Autotür. Mit wehenden Fahnen zieht die Prozession vorbei.

In Siena hat jeder Stein Geschichte. Der gotische Palazzo ist das Hauptquartier der Banca Monte dei Paschi di Siena, der ältesten noch bestehenden Bank der Welt. Gründungsjahr: 1472. Den Trommelwirbel dagegen veranstaltet die Contrada della Lupa. »Wir feiern unseren Sieg beim Palio vom August noch einmal nach«, erklärt eine junge Frau, die in der Menge mitläuft. Die Contraden sind die uralten, von ehernen Regeln und Traditionen zusammengehaltenen Altstadtbezirke Sienas. Siebzehn gibt es in der Stadt; sie existieren seit dem Mittelalter und treten zweimal im Jahr beim Palio di Siena gegeneinander an, dem großen, wilden, weltberühmten Pferderennen auf der Piazza del Campo. Ihren ersten Sieg im Palio hat sich die Contrada della Lupa 1595 geholt; sie steht aber auch heute noch gut da, erst recht, seit sie im Jahr 2016 gleich beide Palios gewann – ein fulminanter Doppelsieg, wie er einer Contrade nur äußerst selten zuteilwird.

Die Bank dagegen wackelt und wankt. Hinter ihrer mächtigen Burgfassade liegt die mehr als 500 Jahre alte Monte dei Paschi di Siena kraftlos am Boden. Ein angeschossener Löwe, dessen tiefe Wunden ihn womöglich verbluten lassen. Die über Jahrhunderte angesammelten Reichtümer sind weg. Es fehlte an Kapital, an positiven Ratings, an erfreulichen Börsenkursen, an erfolgreichen Managern, an allem. Im Dezember 2016 schien der Bankrott von Italiens drittgrößtem Kreditinstitut unmittelbar bevorzustehen; die Liquidität reichte nur noch für wenige Monate. Für Siena, wo alles für die Ewigkeit gemacht zu sein scheint, fühlte sich das an, als drohte der Dom einzustürzen.

Dabei hatte 1472 alles so schön begonnen. Damals beschlossen die Räte der Republik Siena die Gründung einer kommunalen Pfandleihanstalt, Monte di Pietà genannt, damit bedürftige Bürger sich kleine Kredite besorgen konnten, ohne Wucherern in die Hände zu fallen. Der Zinssatz wurde auf bescheidene 7,5 Prozent festgeschrieben. Das Startkapital bestand aus 7600 Gulden; zum Sitz des Instituts wählten die Stadtväter die Rocca Salimbeni, eine leerstehende Burg. Der Geldverleih war nun moralisch abgesegnet – von unchristlicher Spekulation konnte angesichts solch niedriger Zinsen nun wirklich keine Rede mehr sein – und zudem in öffentlicher Hand. Bürger in Notlagen konnten ihre Wertstücke bei der Monte di Pietà abliefern und kehrten mit Barem im Wert von maximal acht Gulden wieder nach Hause zurück. Für die Rückzahlung hatten sie ein bequemes Jahr Zeit.

Es war das Zeitalter des Frühkapitalismus in Italien. In Florenz florierte das moderne Bankenwesen bereits seit Generationen. Reiche Handelsfamilien hatten eigene Geldinstitute gegründet und Auslandsfilialen eröffnet, finanzierten Königshäuser und stellten Reisenden praktische Wechselbriefe aus. Einige dieser großen Bankhäuser – die der Bardi, Peruzzi und Medici – waren sogar schon wieder pleitegegangen oder standen kurz davor. Auch die Monte di Pietà

Wertsache: Das Gemälde von Vincenzo Rustici aus der Kunstsammlung der Bank zeigt ein Turnier mit allegorischen Tieren auf der Piazza del Campo im Jahre 1550

wandelte sich durch allerlei Reformen immer stärker von einer Leihanstalt zur richtigen Bank, die vor allem den Bauern und Tierzüchtern in der Maremma zur Seite stehen sollte. Verbürgt aus dieser Zeit ist ein eigens für Tierzüchter maßgeschneidertes Finanzierungsangebot namens »Sauenkredit«. Zur Absicherung der Darlehen dienten seit 1624 die dem Stadtstaat gehörenden ausgedehnten Weideflächen, die Paschi, in der südtoskanischen Maremma und ihre Renditen. In anderen Worten: Sollte etwas schieflaufen, würde die ganze Bürgerschaft dafür geradestehen müssen.

Es lief aber nichts schief, im Gegenteil. Es lief prächtig. Die Bank, die jetzt Monte dei Paschi di Siena hieß, wurde groß, reich und mächtig. Sie erhielt ihre eigene Gerichtsbarkeit und durfte Mitarbeiter henken. Sie durfte im Auftrag Roms Steuern eintreiben und sich bei säumigen Kreditrückzahlern in Form von Unternehmensbeteiligungen und Weingütern bedienen. Sie wurde so groß und bedeutend, dass sie Filialen eröffnete, erst in ganz Italien, dann in der ganzen Welt. Dabei blieb sie aber stets eine kommunale, karitative Institution, die ihre Gewinne großzügig über Siena ausschüttete. »Die Sienesen sind von guter, ehrlicher Wesensart«, schrieb der toskanische Großherzog Leopold II. im 18. Jahrhundert beeindruckt. Und als könne er in die Zukunft sehen: »Straftaten kommen höchst selten vor. Es sei denn, sie werden von Auswärtigen begangen.« Nie schrieb die Bank eine Lira Verlust. Jedenfalls nicht in den ersten 535 Jahren ihres Bestehens.

Nach dem Zweiten Weltkrieg blühte Siena besonders üppig auf. Aus dem schier unerschöpflichen Füllhorn der Bank regnete es Wohlstand in Form von Krankenhäusern und Forschungsabteilungen, Geld für Fußballmannschaften, Kunstausstellungen und Sommerprogramme für Schulkinder. Gut situierte Verhältnisse, wie es sie in Italien, wo der öffentliche Bereich meistens recht unterernährt daherkommt, kein zweites Mal gab. Bis zu 200 Millionen Euro Gewinne schüttete sie jedes Jahr über Siena und Umgebung aus.

Wer welche Summen erhielt, entschied ab 1995 allerdings nicht mehr die Bank selbst, sondern eine eigens gegründete Stiftung, die Fondazione Monte dei Paschi di Siena. Die Stiftung war ein juristischer Schachzug, mit dem sich die ab den 1990er-Jahren von der römischen Politik gewünschte Privatisierung öffentlicher Banken realisieren ließ und der auch bei der Monte dei Paschi zum Einsatz kam. Praktisch änderte sich dadurch nicht allzu viel. Die Stiftung war Mehrheitsaktionär und kontrollierte daher die Bank; wer in ihrem Aufsichtsrat saß, bestimmten weiterhin jene, die auch vorher schon das Sagen gehabt hatten: Kommunal- und Provinzpolitiker des sozialdemokratischen Partito Democratico (PD), für die die traditionell rot wählende Toskana seit jeher eine Art Hausmacht darstellt. Alles funktionierte wie geschmiert: Die Sienesen wählten den PD, der PD besetzte den Verwaltungsrat der Stiftung, die Stiftung entschied über die Ausschüttung der Gelder an die Sienesen, die wiederum ihre Konten bei der Bank hatten, welche ihrerseits Kredite nach Kriterien vergab, die vor allem der Politik nützten. Eine Hand wusch die andere. Anderswo nennt man dergleichen Klüngel, in Siena waren einfach alle nur zufrieden. Es hätte gern so weitergehen dürfen.

In diesem von viel Vertrauen und wenig Kontrolle geprägten sienesischen Idyll nimmt das Unheil seinen Lauf, als Größen und Ideen von außerhalb Einfluss gewinnen. 2006 wird Giuseppe Mussari neuer Präsident der Bank. Mussari stammt nicht aus der Toskana, sondern aus Kalabrien; er ist kein Banker, sondern Strafverteidiger. Von der Finanzwelt, erzählt man sich in Siena später gern, wisse er nicht mehr als jeder beliebige Kontoinhaber. Dafür besitzt der geschniegelte Jurist beste Beziehungen zu Sienas Bürgermeister Pierluigi Piccini, der ihm schon 2001 einen Posten in der Fondazione verschafft hatte. Schon wenige Monate später wurde Mussari Präsident der Fondazione. Von dort aus ist der Weg an die Spitze der Bank nicht mehr allzu weit. »Wenn solche Posten besetzt werden«, weiß der toskanische Journalist Stefano Tesi, der sich jahrelang mit dem Fall beschäftigt hat, »geht es nicht um Qualifikation, sondern immer nur um Politik.«

Mussari jedenfalls sind die Schafweiden der Maremma auf einmal nicht mehr genug. Durch die mittelalterlichen Korridore des Palazzo Salimbeni geistert in den Nullerjahren das Gespenst der Globalisierung; die Monte dei Paschi will statt einer toskanischen Provinzbank selbst ein Big Player sein und geht auf Einkaufstour. Von der spanischen Großbank Santander erwirbt sie 2008 die in Nordostitalien ansässige Banca Antonveneta. Der Preis, den sie dafür zahlt, ist dubios hoch. Neun Milliarden Euro – 2,4 Milliarden mehr, als die Antonveneta nur wenige Wochen zuvor kostete, als Santander sie dem niederländischen Bankenkonzern ABN Amro abnahm. Und viel mehr, als die Monte dei Paschi stemmen kann, erst recht, als wenige Wochen nach dem Kauf die internationale Finanzkrise ausbricht. Für die Bank wird es nun sehr schnell sehr eng.

Was jetzt hinter den dicken Mauern des Palazzo Salimbeni passiert, davon wird die Öffentlichkeit im Detail erst →

Mittelalterliche Geldgeschäfte: Ein Fresko aus dem 14. Jahrhundert zeigt im oberen Teil die Geldverleiher, im unteren ihre Kundschaft

Jahre später erfahren. Denn 2012 klopft eine misstrauisch gewordene europäische Bankenaufsicht an die Tore des Palazzo Salimbeni. Eines der vermeintlich solidesten Geldhäuser Europas sitzt in Wahrheit auf einem Schuldenberg in Höhe von 4,69 Milliarden Euro und hat kaum noch Eigenkapital. Die Bank benötigt dringend Staatshilfen. Der windige Mussari wird durch Ex-Unicredit-Chef Alessandro Profumo ersetzt, einen Spitzenbanker mit exzellentem Ruf, der die Monte dei Paschi mit rigidem Sparkurs flott zu machen versucht. Doch es reicht nicht. Wieso, versteht Profumo selbst nicht so genau. »Es geschehen in dieser Bank Dinge, die ein rational denkender Mensch nicht begreifen kann. Für mich stinkt das alles gewaltig nach dem Einfluss der Logen«, sagt er im italienischen Fernsehen. Mittelalterliche Freimaurerrituale statt nüchterner Renditeberechnung? Keine sehr beruhigende Vorstellung für Anleger. Doch es kommt noch schlimmer. 2013 tritt die Staatsanwaltschaft auf den Plan.

Es wird ein Riesenskandal. Die Beamten ermitteln wegen Verdachts auf Betrug, Bilanzfälschung, Bildung einer kriminellen Vereinigung – alles noch aus den Zeiten Mussaris. Verluste sollen vertuscht und zu ihrer Deckung hochspekulative Finanzwetten abgeschlossen worden sein, die ihrerseits in die Hose gingen. Am schlimmsten lautete der Vorwurf auf Bereicherung: Konnte es tatsächlich sein, dass der Kaufpreis der Antonveneta bewusst hochgetrieben worden war, damit für die Monte-Banker privat Millionen heraussprangen? Hatten sich hochgestellte Manager wirklich bei jedem Geschäft mit einer »Kommission« in Höhe von fünf Prozent belohnt? Und wenn das doch nur Gerüchte waren – wieso hatte sich dann der Pressesprecher der Monte dei Paschi, ein enger Vertrauter Mussaris, im März 2013 aus seinem Büro im vierten Stock in den Tod gestürzt? Oder war es, wie so mancher in Siena gern durchblicken lässt, am Ende gar kein Selbstmord? Alle schieben sich nun gegenseitig den Schwarzen Peter zu. »Den Partito Democratico trifft keine Schuld, um Gottes Willen!«, ist der Ex-Parteivorsitzende Pier Luigi Bersani überzeugt.

Banker in Turbulenzen: Alessandro Profumo (oben) zog ins Präsidentenbüro, um die Monte dei Paschi vor dem Ruin zu bewahren. Er löste Giuseppe Mussari ab, der sich wegen des Finanzskandals 2013 vor Gericht verantworten musste

»Mario Draghi wusste alles«, verdächtigt die amerikanische Nachrichtenagentur Bloomberg den Präsidenten der Europäischen Zentralbank. Nur Silvio Berlusconi scheint ausnahmsweise einmal nicht die Finger mit im Spiel gehabt zu haben. Er besaß in Siena nur ein schlichtes Girokonto. »Ich mag diese Bank«, lässt der ehemalige Ministerpräsident und Vorsitzende der rechtsliberalen Partei Forza Italia melancholisch wissen. »Sie war die erste, die mir als jungem Unternehmer Kredite gewährt hat.«

Immerhin: Von seinem Monte-Konto gingen die Überweisungen an die »Bunga-Bunga«-Girls raus, die ihm zu Premierzeiten die Abende versüßten.

Schwer angeschlagen und dem Zusammenbruch permanent nah, taumelt die Bank seither durch Presse, Politik, Börsenkurse und die Albträume ihrer Anleger. Ein Prozess gegen die ehemaligen Manager läuft. Die Monte dei Paschi selbst sitzt nach wie vor auf faulen Krediten in Höhe von über 45 Milliarden Euro und besitzt viel zu wenig Eigenkapital, um die drohenden Ausfälle zu überstehen. Mehrere Rettungsversuche durch Kapitalerhöhung in Milliardenhöhe scheiterten. Weitere 8,8 Milliarden Euro würden wohl mindestens noch gebraucht, hat die Europäische Zentralbank grob geschätzt. Nun soll der italienische Staat es schaukeln, obwohl er das laut den neuen europäischen Gesetzen zur Bankenrettung eigentlich nicht mehr darf. Die sehen vor, dass die Anleger selbst die Rettung zwangsfinanzieren. Dumm nur, dass der Monte dei Paschi vor allem Kleinanleger ihr Geld anvertraut haben, rund 40 000 sollen es sein – Familienväter, Rentner, Angestellte. Die in den Ruin zu treiben, möchte Italiens sozialdemokratische Regierung dann doch lieber vermeiden.

Und in Siena? Ist der Geldregen seit Jahren versiegt. Wie verwaist sieht man die Einheimischen nun durch die mittelalterlichen Gassen wandern. »Sehen Sie diesen Pflasterstein hier?«, fragt eine Frau in der Via Banchi di Sopra. »Eine Ecke ist abgesprungen. Das hätte es zu den guten Zeiten der Bank nicht gegeben. Da wurde immer alles sofort repariert.« Doch schon wenden die Sienesen ihre Gedanken wieder wichtigeren Dingen zu. Bald steht der nächste Palio an. Der ist noch älter als die älteste Bank der Welt. Und weil hier außer den angeheuerten Jockeys nur Einheimische das Sagen haben, wird sich an einem der berühmtesten Pferderennen der Welt sobald bestimmt nichts ändern. ◐

Info

Der Kunstschatz der Monte dei Paschi

Wer sich ansehen möchte, wofür die Bank in guten Zeiten ihr Geld ausgegeben hat: Es gibt eine reich bestückte Kunstsammlung mit über 3000 Werken. Viele davon sind im Palazzo Salimbeni ausgestellt, dem historischen Sitz der Bank. Das **Museo San Donato** belegt mehrere Räume des Palazzo und kann dreimal im Jahr besichtigt werden. Infos und Termine auf der Website, wo man viele Werke online ansehen kann. **102** *Siena, Piazza Salimbeni 1a, www.mpsart.it*

DER WEISSE RIESE

Ein typischer Orvieto Classico ist ehrlich, ohne Firlefanz – so wie die Menschen im Süden Umbriens. Vergessen Sie die gleichnamige Dutzendware aus dem Supermarkt, diese Winzer bringen den verkannten Traditionswein zum Funkeln

TEXT **ANNETTE RÜBESAMEN** FOTOS **CHRISTIAN KERBER**

Berauschend ist schon der Blick vom Gut »Le Velette« auf Orvieto. Winzer Corrado Bottai will mit seinem Wein Geschichten aus seiner umbrischen Heimat erzählen

Hier reifen edelsüße Raritäten. Für ihre *Muffa-nobile*-Weine ist die Winzerfamilie Barberani berühmt (unten, v. r.: Bernardo, Giovanna, Luigi und Niccolò). Kostproben gibt es in ihrem Weinladen in Orvieto (u.), direkt am Dom (rechte Seite)

Das Paradies des glücklichen Zechers, wenn es denn eines gibt, liegt im Süden Umbriens, auf halber Strecke zwischen Rom und Florenz. In einem grüngolden schimmernden Stück Mittelitalien, in dem heitere Hochebenen zu breiten Flusstälern abfallen und dichte Eichenwälder auf luftige Olivenhaine folgen. Über allem schwebt, wie im Traum, das mittelalterliche Städtchen Orvieto auf einem Tuffsteinplateau. Um die Stadt herum wachsen Reben, aber sie stechen nicht besonders ins Auge. Bescheiden verstecken sich die Weinberge zwischen Tabakfeldern, Äckern und Bauerngärten.

»Unser Orvieto Classico ist gefällig, frisch, ausgeglichen. Einer, der Lust macht auf mehr«, tönt Corrado Bottais wohlklingende Stimme hinter seinem weißen Vollbart hervor. So soll es auch sein. »Weine gehören lustvoll genossen, nicht einfach nur ein bisschen probiert.« Ein Wein zum Trinken – so lautet das Credo der Orvieto-Winzer. Sie wiederholen es immer wieder, am liebsten mit einem Seitenblick nach Osten. Dort, ungefähr 60 Kilometer entfernt, wird rund um das Städtchen Montefalco der umbrische Erfolgswein Sagrantino gekeltert, ein anspruchsvoller, teurer Rotwein, an dem Experten hoch konzentriert nippen. Anschließend verfassen sie begeisterte Lobeshymnen für die Fachpresse. Über den Orvieto Classico dagegen findet man eher wenig in den einschlägigen Weinführern. Weil er nicht gut genug ist? Bottai schüttelt den Kopf. »Unser Problem ist nicht die Qualität«, sagt er, »sondern das Image.«

Dem 61-jährigen Winzer gehört das Weingut »Le Velette«, 300 Hektar auf einem Hochplateau im Süden von Orvieto, mit Traumblick auf die Stadt. Es sieht aus wie aus dem Märchenbuch: Eine alte Gutsvilla mit Kapelle gehört dazu und eine von Jasmin überrankte Limonaia, in der Bottais Mitarbeiter Korrespondenz und Buchhaltung erledigen. Auf einer Fensterbank haben sich zwei Katzen zusammengerollt. In der Villa gibt es Salons mit Fresken, klassizistische Marmorbüsten und eine Küche mit einem enormen Kamin. Daneben geht es durch eine schmale Tür in den Keller hinab. Bottai knipst das Licht an.

Seit über 2000 Jahren wird rund um Orvieto Wein angebaut, weißer vor allem, der hier perfekte Bedingungen vorfindet: mineralreiche Vulkanböden im Norden, kalkreicher Lehm im Osten, dazu viel Niederschlag und kühle Winde auch im Sommer. Den Anfang haben die Etrusker gemacht, die kühle Keller in den porösen Tuffstein gruben, in denen sich Weißwein keltern und lagern ließ. Keller wie der von »Le Velette«, in dem Bottai heute Flaschen aus den vergangenen Jahrzehnten »zu Experimentierzwecken« weiter reifen lässt. Ein langer Felsgang führt in die Tiefe. Von der Decke hängen Wurzeln wie avantgardistische Lüster; staubbedeckte Flaschen stapeln sich zu beiden Seiten. »Das hier«, sagt Bottai, »ist unsere Kultur, unsere Geschichte. Sie ist einzigartig. Die sollen unsere Weine erzählen.«

Orvieto Classico wird traditionell als Cuvée gekeltert, und so schreibt es auch das DOC-Reglement vor. Die Hauptrollen spielen der vollmundige, nussige Grechetto und der eher neutrale, säuerliche Procanico, eine regionale Trebbiano-Variante. Dazu kommen kleinere Mengen von Malvasia, Verdello und anderen weißen Trauben. Eine Rezeptur, die frische, harmonische Weine mit Würze und feiner Bitternote ergibt. Und die so gut schmeckt, dass – wie einem jeder in Orvieto sofort erzählt – sogar der große Luca Signorelli, der um 1500 den Dom mit seinen großartigen Szenen vom Antichrist und vom Jüngsten Gericht ausmalte, sich statt mit Goldmünzen lieber mit Fässern gefüllt mit lokalem Weißwein bezahlen ließ.

Was da gleich jenseits ihrer Grenzen Gutes gedieh, bemerkten im 20. Jahrhundert auch die großen toskanischen Weinproduzenten. Ihnen fehlte ein Weißwein, den gab es nicht in der Toskana. Zur Sortimentsabrundung nahmen sie den Orvieto Classico hinzu, den sie in großen Mengen lose einkauften, selbst abfüllten und zu günstigen Preisen losschlugen. So gelangte der umbrische Traditionswein in Supermärkte, Pizzerien und in die Massenwein-Ecke.

Nur etwa 20 Prozent der gesamten Produktion, schätzen Experten, befindet sich heute noch in den Händen unabhängiger umbrischer Winzer. Doch die geben sich alle Mühe, den Orvieto Classico von seinem Billigheimerklischee zu befreien. Und produzieren Weine, die nicht nur gut zu trinken sind, sondern auch spannender, als man es aus Orvieto gemeinhin kennt.

Corrado Bottai hat sich den Lunato ausgedacht, einen Orvieto Classico Superiore mit hohem Grechetto-Anteil, der die Sinne mit überraschenden Frucht- und Honigtönen streichelt. Außerdem baut er seinen Grechetto reinsortig zu einem ausdrucksvollen, langlebigen Landwein aus. Und keltert einen →

Giovanni Dubinis »Musco« entsteht in reiner Handarbeit. Den Weinkeller hauten einst die Etrusker in den Tuffstein

Sauvignon. »Es war interessant zu sehen, wie sich eine so nördliche Rebe bei uns im Umbrien in einen weichen, mediterranen Wein verwandelt«, begeistert sich der gebürtige Florentiner.

Noch interessanter wird es ein paar Kilometer weiter östlich, im Tibertal. Ebenfalls Umbrien, Orvieto-Classico-Gebiet, und doch eine stillere, einsamere Welt. Im Talgrund glänzt graugrün der aufgestaute Lago di Corbara; über die Hügel ziehen sich die Rebreihen. Mittendrin das Bioweingut der Brüder Barberani, das innovativste und meistgelobte in der Region. Ihr Großvater hat es in den 1960er-Jahren gegründet, um seinen Gästen Selbstgekelterten anzubieten, Vater Luigi brachte die Azienda dann zum Blühen. Die vielen Lorbeeren sieht man der Kellerei nicht an, der Betonbau aus den 1980er-Jahren ist funktionell: Stahltanks, eine Abfüllanlage und ein paar Barriques, die unspektakulär auf dem gelben Kachelboden herumstehen.

Niccolò, 34, und Bernardo, 41, Barberani leben ihre Kreativität lieber beim Weinmachen aus. »Wir wollen so wenig wie möglich eingreifen«, sagt Önologe Niccolò, der wie sein Bruder Vollbart zur hohen Stirn trägt. »Es steckt doch schon alles Gute im Boden, im Klima, in den Reben.« Um auf natürliche Weise den Ertrag zu reduzieren, beschneiden die Brüder deshalb nicht, wie sonst üblich, die Reben, sondern pflanzen Bohnen im Weinberg, die den Weinstöcken einen Teil ihrer Kraft rauben. Sie bewässern mit dem eigenen chlorfreien Quellwasser und lesen rigoros per Hand. Im Keller setzen sie ausschließlich eigene, selbst gezüchtete Hefen zu. Statt ihren Wein wie viele andere Winzer mehrmals durch Papierfilter zu gießen, filtern sie erst direkt vor dem Abfüllen ein einziges Mal durch einen neutralen Keramikfilter. Davor ruht der Wein fünf Monate ungestört im Stahltank. »Eine Innovation, die ihm bestens bekommt«, sagt Niccolò stolz.

Für die besten Orvieto Classicos aus dem Barberani-Keller aber reicht Innovation allein nicht aus. Es muss auch herbstlicher Morgennebel aus dem See steigen und warme Nachmittagssonne hinzukommen, die auf den reifen Grechetto-Trauben im Tal die kostbare Edelfäule entstehen lässt. Die *muffa nobile,* wie der Schimmelpilz *Botrytis cinerea* auf Italienisch genannt wird, entzieht den Beeren Feuchtigkeit und erhöht die Zuckerkonzentration. »Bedingungen wie im Sauternes, der großartigen französischen Süßweinregion«, schwärmt Bernardo im Degustierraum und zückt den Korkenzieher. »Unser Vater hat sie allerdings vor Jahrzehnten rein zufällig entdeckt, weil er bei der Lese einen Teil eines Weinbergs schlicht vergessen hatte.«

Aus der duftenden Grechetto-Edelfäule keltern die Barberanis zusammen mit dem üblichen Procanico nicht nur einen Orvieto Classico Superiore Spätlese, den »Calcaia«. In kleiner Dosis geben sie ihn auch ihrem Renommier-Orvieto bei, dem »Luigi e Giovanna«. Als dankbare Söhne haben sie ihn ihren Eltern gewidmet. Die dürfen stolz sein: Es ist ein großer Weißwein mit sonnigem Gemüt, viel Frische und exotischen Frucht- und Safranaromen. Einer, der mit den Jahren immer besser wird – und das ist für Orvieto wirklich ungewöhnlich. Vom italienischen Weinguide »Gambero Rosso« erhält er regelmäßig die Höchstnote der »Tre Bicchieri«.

Nur eine Handvoll Winzer rund um Orvieto produziert *Muffa-nobile*-Weine. Auch Giovanni Dubini vom Weingut Palazzone, bei dem sich der Schimmelpilz jedoch auf Sauvignonreben breitmacht. Gemeinsam mit Bruder Lodovico herrscht Giovanni über 24 Hektar Weinberge und eine der schicksten Unterkünfte Umbriens, die Locanda Palazzone. Auch Palazzone ist bekannt für hohe Qualität und innovative Ansätze. Leider kann Dubini gerade keine Kellerführung anbieten – Stromausfall.

Mit lehmverschmierten Arbeitsschuhen an den Füßen steht der jungenhafte 59-Jährige im nassen Gras und redet über das oft verkannte Potenzial des Orvieto Classico. »Unsere Weinregion ist unglaublich heterogen. Diese unterschiedlichen Charaktere der Trauben können wir so mischen, dass etwas Einzigartiges entsteht. Langlebige Weißweine mit Struktur und Körper, die ihren zentralitalienischen Charakter zeigen.« Der da wäre? »Aufrichtig, ehrlich, ohne Firlefanz. Wie die Menschen hier.«

Dubinis zentralitalienischster Weißwein heißt »Musco« und ist ein Experiment. Denn er wird mit äußerster Konsequenz genauso gekeltert wie in den guten alten Zeiten. Aus den Reben eines bunt gemischten Weinbergs, in einer Tuffsteingrotte im Kastanienwald und ohne Elektrizität. Zum Einsatz kommen eine handbetriebene Presse, Fässer aus Kastanienholz und große Ballonflaschen. Selbst das Abfüllen erfolgt manuell – eine Hilfskraft saugt am Schlauch. »Es ist immer ein großes Fest, und wir trinken alle viel zu viel!«, erzählt Dubini mit leuchtenden Augen. Genauso soll es sein. Schließlich sind wir in Orvieto. ◐

Die exponierte Lage
des Weinguts »Palazzone«
mit Aussicht auf Orvieto
beglückt nicht nur den Winzer.
In den Genuss kommen
auch die Gäste des dazu-
gehörigen Landhotels

BESUCH BEIM WINZER

Kostprobe gefällig? Oder gleich ein paar Kisten für daheim? Hier geht es auf direktem Wege zu den besten Produzenten des Orvieto Classico

ENOTECA BARBERANI

31 Winzer gehören zum Consorzio Vini Orvieto DOC *(www.orvietodoc.it)*. Das Gebiet zieht sich links und rechts der Autobahn A1 von Monteleone d'Orvieto südwärts bis nach Alviano; ein kleiner Teil liegt im Latium. Obwohl sich das Terrain besonders für Weißwein eignet, keltern die meisten Winzer – als Folge des großen Rotweinbooms in den 90er-Jahren – zusätzlich oft recht ordentliche Rotweine, meist Cuvées auf der Basis des heimischen Sangiovese und internationaler Rebsorten wie Cabernet und Merlot. Nachdem die Enoteca Regionale in Orvieto aufgrund bürokratischer Verwicklungen gerade ohne Betreiber dasteht und geschlossen ist, probiert und kauft man Wein am besten direkt bei den Winzern (besser vorher anrufen) oder in der gut sortierten Enoteca von Familie Barberani in Orvieto direkt am Dom.
103 *Orvieto, Via Maitani 1, Tel. 0763-34 15 32*

LE VELLETTE

Auf ihrem historischen Gut produzieren Corrado Bottai und seine Schwester Cecilia drei verschiedene Linien. Zu den Traditionsweinen zählt der Orvieto Classico »Berganorio« und der süß ausgebaute »Rasenna«. Interessant sind die reinsortigen Weine wie »Traluce« (Sauvignon), »Sole Uve« (Grechetto) und »Gaudio« (Merlot). Gelungene Experimente finden sich in der Linie »Neue Emotionen«, darunter der »Calanco«, eine rote Cuvée aus Sangiovese und Cabernet. *Muffa nobile* gedeiht auf dem sonnigen Hochplateau von Le Vellette nicht, aber wer es gern süß hat, dem wird »Il Raggio« schmecken, ein Passito aus dem Holzfass. In drei Landhäusern südlich von Orvieto bieten die Bottais auch fünf Apartments. In den beiden großen Villen ist die Einrichtung etwas in die Jahre gekommen, aber das kleine »Numero Due« ist ein äußerst charmantes, zweistöckiges Feriennest mit Freisitz und schönem Orvieto-Blick.
104 **105** *Orvieto, Loc. Le Velette, Tel. 0763-290 90, www.levelette.it, Fewo ab 100 €*

Die Ernte der Reben ist vor allem Handarbeit. »Le Velette«, das Weingut von Corrado Bottai, liegt auf einem Hochplateau im Süden von Orvieto

BARBERANI

Dompì, der braune Pudel – sein vollständiger Name lautet »Dom Pérignon« – empfängt Besucher schwanzwedelnd auf dem gekiesten Vorplatz. Die laden sich in diesem hochgelobten Weingut nicht nur gern die berühmte Spätlese »Calcaia« in den Kofferraum, sondern auch die prämierten Erfolgstropfen »Luigi e Giovanna« (Orvieto Classico Superiore) und »Polvento«, einen edlen roten Lago di Corbara DOC, der zwei Jahre im Barrique und zwei Jahre in der Flasche gereift ist. Weil Wein ja bekanntlich dort am besten schmeckt, wo er herkommt: In traditionellen Natursteinhäusern in den Weinbergen des Nachbarörtchens Mignattaro kann man von April bis September komfortable, hübsch eingerichtete Ferienwohnungen mieten.
106 **107** *Baschi, Loc. Cerreto, Tel. 0763-34 18 20, www.barberani.com, Apt. ab 78 €*

PALAZZONE

Die Liebe, die Giovanni und Lodovico Dubini in das Land und seinen Wein stecken, schmeckt und spürt man mit jedem Tropfen. Ziel der Brüder ist es, mit modernen Methoden Weine zu schaffen, die an die Vergangenheit erinnern. Das gelingt ihnen nicht nur mit dem »Musco«, einem nach historischen Methoden gekelterten Weißen, sondern auch mit dem Spitzenerzeugnis des Betriebs, dem »Campo del Guardiano«, einem langlebigen Orvieto Classico, der beweist, welches Potenzial im einstigen »Supermarktwein« steckt. Gerade hat er wieder die Höchstnote »Tre Bicchieri« (drei Gläser) gewonnen. Sehr elegant: das Gästehaus Locanda Palazzone.
108 **109** *Orvieto, Rocca Ripesena 68, Tel. 0763-39 36 14, www.palazzone.com, DZ/F ab 200 €, www.locandapalazzone.com*

CASTELLO DELLA SALA

Keine Geringere als die toskanische Winzerdynastie Antinori entdeckte beizeiten die Weißwein-Qualitäten der Orvieto-Region und kaufte dort ein eigenes Gut. Das Castello, eine mittelalterliche Festung, herrscht über 160 Hektar Weinberge, die vor allem mit Grechetto, Procanico, Chardonnay und Sauvignon Blanc bepflanzt sind. Obwohl die Antinori auch einen Orvieto Classico Superiore keltern (»San Giovanni della Sala«), werden sie in der Weinwelt vor allem für ihren »Cervaro della Sala« gefeiert, eine Chardonnay-Grechetto-Cuvée, die als eine der besten Weißweine Italiens gilt. Auch eine Verkostung wert: der edelfaule »Muffato della Sala« auf Sauvignon-Blanc-Basis. Degustation in der schlosseigenen »Bottega«.
110 *Ficulle, Loc. Sala, Tel. 0763-860 51, www.antinori.it*

DECUGNANO DEI BARBI

Klein, aber fein ist das Gut der aus der Lombardei stammenden Familie Barbi oberhalb des Lago di Corbara, wo kalkhaltige, muschelreiche Böden Bedingungen schaffen wie im französischen Chablis. Ihr »Pourriture Noble« gilt als einer der feinsten *muffe nobili* der Region. Mit ihrem Orvieto Classico Superiore, »Il Bianco«, spielen sie ebenfalls in der Oberliga mit. Zum Sortiment gehört außerdem ein *metodo classico*, ein Flaschengärsekt aus Chardonnay und Pinot Nero. Komplettiert wird das Angebot durch den luxuriösen Agriturismo in der »Villa Barbi« mit vier Suiten, Marmorkaminen und Pool. Auf Wunsch geführte Kellerbesichtigungen mit Degustation.
111 **112** *Orvieto, Loc. Fossatello 50, Tel. 0763-30 82 55, www.decugnanodeibarbi.com, Villa ab 9000 €/Woche*

SERGIO MOTTURA

Einer der großen Weinmacher in Orvieto baut seine Reben nicht in Umbrien, sondern im benachbarten Latium an, in Civitella d'Agliano. Aus dem Grechetto, der typischen weißen Orvieto-Rebe, macht Sergio Mottura etwas wirklich Besonderes: einen reinsortigen, im Barrique ausgebauten Superwein, der vom großen französischen Winzer Louis Fabrice Latour inspiriert wurde und aus Dank dafür »Latour a Civitella« heißt. Wer es einfacher liebt: Es gibt auch einen klassischen Orvieto. Und im Ortszentrum führt Familie Mottura ein raffiniertes Weinhotel namens »Tana dell'Istrice«. Das elegant restaurierte Gutshaus hat romantische Zimmer, ein Restaurant, veranstaltet Kochkurse und ist bei amerikanischen Gästen sehr gefragt.
113 **114** *Civitella d'Agliano, Piazza Unità d'Italia, Tel. 0761-91 45 33, www.sergiomottura.com, DZ/Ü 165 €*

AUSKUNFT

115 *Consorzio Vini Orvieto, Corso Cavour 36, Tel. 0763-34 37 90, www.orvietodoc.it*

DAS REISEZIEL:

Im Südwesten der Toskana sprudeln zahlreiche Thermalquellen. Viele nutzten schon Etrusker und Römer, um sich dort von Atemwegserkrankungen und Rückenleiden zu kurieren. Auch das 37 Grad warme, schwefelhaltige Wasser der Terme di Saturnia in der Maremma entfaltete seine heilende Wirkung schon vor mehr als 2300 Jahren. Das luxuriöse »Terme di Saturnia Spa & Golf Resort« wurde rund um das große Thermalbecken angelegt. Es verfügt über 128 elegante Gästezimmer, einen Spa-Bereich und zwei Restaurants; gleich hinter dem Haus beginnt der Golfplatz.

UNSER PREIS:

Vier Übernachtungen mit Frühstück für zwei Personen im »Terme di Saturnia Spa & Golf Resort«; zwei Abendessen für zwei Personen im Restaurant »Aqualuce« (Getränke nicht inbegriffen); Green-Fee pro Person und Aufenthalt; eine Spa-Behandlung für zwei Personen. Reisetermin nach Absprache und Verfügbarkeit, Feiertage sind ausgeschlossen

>>> FRAGE

Etwa ab 1000 v. Chr. besiedelten die Etrusker das Gebiet der heutigen Toskana. Etrurien hieß ihr antikes Land. Viele künstlerische Zeugnisse existieren aus jener Zeit. Eines der berühmtesten und poetischsten ist die Bronzefigur eines jungen Mannes. Wie heißt sie, und in welchem Museum steht sie?

SO KÖNNEN SIE GEWINNEN: Schicken Sie eine Postkarte mit der Antwort und dem **Stichwort »Extra Toskana«** an *GEO SAISON, 20776 Hamburg*, oder füllen Sie das Formular unter *www.geo.de/toskana-gewinnspiel* aus. **Einsendeschluss: 31. Oktober 2017.** Die Verlosung erfolgt unter allen richtigen Einsendungen. Der Rechtsweg ist ausgeschlossen. Mitarbeiter des Gruner+Jahr Verlags und deren Angehörige dürfen nicht teilnehmen. Der Preis wird nicht ausgezahlt, er kann bis zum 31. Mai 2018 eingelöst werden; die Anreise ist nicht enthalten. Termine werden mit dem Gewinner nach Verfügbarkeit abgesprochen. Ihre Daten werden nur für das Gewinnspiel verwendet und anschließend gelöscht.

Immer am Meer entlang

TEXT **RALF FRÄDTKE**

Mit Muße durch die Maremma: Unsere Autoroute führt in drei Etappen von Livorno bis nach Capalbio – zu herrlichen Stränden, berühmten Weingütern, in idyllische Hafenstädtchen, malerische Dörfer und einen der schönsten Naturparks der Toskana

1. Tag

Von Livorno bis Bibbona

VON LIVORNO AUS nehme ich die Küstenstraße Viale Italia. Sie führt vorbei am Aquarium, vor dessen Eingang eine Schulklasse Schlange steht, und an der Accademia Navale, einem imposanten weißen Bau im Zuckerbäckerstil aus dem 19. Jahrhundert, in dem noch heute Marineoffiziere ausgebildet werden. Durch das hübsche Villenviertel Ardenza geht es nach Süden, rechts das türkisblaue Meer, links die extravaganten Jugendstilbauten.

Drei Tage lang will ich mich von Livorno bis nach Capalbio treiben lassen, dem südlichsten Zipfel der Toskana. Eine Tour zwischen Stränden, Felsen und Meer – mit Abstechern in die hübschen Dörfer, die die Hügel des Hinterlands krönen. Für Abwechslung ist gesorgt: Vor mir liegen die erstklassigen Weingüter der Maremma, malerische Hafenstädte, ein Naturpark und einige beeindruckende Kulturstätten der Etrusker, die dieses Gebiet einst beherrschten, Jahrhunderte vor den Römern.

Doch zunächst mache ich Station am Montenero, dem Hausberg Livornos, der hinter Antignano links aufragt. Die Standseilbahn in Montenero Basso bringt mich in vier Minuten auf den 313 Meter hohen Klosterberg. Der »Schwarze Berg« ist eine der bedeutendsten Pilgerstätten der Toskana, das mächtige Santuario di Montenero zeugt davon. Ein paar Villen gibt es auch →

LIVORNO
Montenero
Calafuria
Quercianella
Castiglioncello
Rosignano Solvay
Cecina
Bibbona
Marina di Bibbona
Bolgheri
Castagneto Carducci
Golfo di Baratti
Campiglia Marittima
Suvereto
Populonia
Piombino
Follonica
Vetulonia
Punta Ala
Castiglione della Pescaia
Grosseto
Marina di Grosseto
PARCO REGIONALE DELLA MAREMMA
Marina di Alberese
Talamone
CAPALBIO
Porto Santo Stefano
Monte Argentario
Ultima Spiaggia
COLLINE METALLIFERE
TOSKANA
MAREMMA
N
S

dort oben, und so teile ich die Kabine mit einem Einheimischen und zwei Pilgern. Oben gilt es erst einmal die großartige Aussicht zu bestaunen. Bei klarem Wetter reicht sie bis nach Elba und Korsika, aber selbst an diesem etwas diesigen Morgen kann ich bis nach La Spezia und Piombino schauen.

Die barocke Wallfahrtskirche ist der Madonna delle Grazie gewidmet. Von ihren Wundern zeugen die Votivgaben, mit denen Kirche und Kloster übersät sind: Zum Dank für die Rettung bei Treppen- und Fensterstürzen, vor allem aber für die unversehrte Rückkehr vom Meer, das über Jahrhunderte die Fischer der Umgebung ernährte; dazwischen Hunderte Fürbitten für Kranke, alle zu bestaunen in der Galleria degli Ex Voto.

Gegenüber der Kirche die weltliche Ahnengalerie: Dort liegen Livornos heute fast vergessenen Berühmtheiten begraben, zum Beispiel der naturalistische Maler Giovanni Fattori und der Politiker und Schriftsteller Francesco Domenico Guerrazzi, beide seit dem 19. Jahrhundert. Auch an einen wirklich Prominenten, den Maler Amedeo Modigliani, erinnert eine Gedenktafel. Aber das Livorneser Genie ruht nicht hier, sondern in Paris, wohin er als junger Mann übersiedelte.

Ich lasse den Schwarzen Berg hinter mir und kurve über die Via Aurelia (SS1) entlang der Costiera di Calafuria mit der spektakulären Aussicht auf bizarre, von der Brandung zerklüftete Felsen. Auf der alten Römerstraße, deren Bau im Jahr 241 vor Christus begonnen wurde, könnte ich noch heute bis nach Rom fahren. Stattdessen biege ich ab nach Castiglioncello, einem hübschen Städtchen, in dem die Italiener schon seit dem 19. Jahrhundert gern ihre Sommerferien verbringen. Viele prächtige Villen zeugen davon, manche noch immer in Privatbesitz, andere wurden in Hotels umgewandelt. In ihren Gärten wachsen Palmen und leuchtende Bougainvilleen. Kiefern und Schirmpinien säumen die Hauptstraße, es duftet nach Harz.

Zeit für einen Espresso. Gerade wird einer der begehrten Parkplätze frei, zu erkennen an den blauen Markierungen auf dem Boden, noch dazu im Schatten. Ich kaufe ein Parkbillett am Automaten, regelmäßig zwischen acht Uhr morgens und 23 Uhr abends kontrolliert die Polizei – Strafzettel sind teuer! Nach einem *caffè* an der schönen Holztheke des »Caffè Ginori« spaziere ich auf der gut ausgebauten Strandpromenade, dem Lungomare Alberto Sordi. Das Meer glitzert blau, eine erfrischende Brise weht herüber. Immer wieder führen kleinen Treppen hinunter zu den Felsen, auf denen Jugendliche ihre bunten Badetücher ausgelegt haben – ihnen sind die *bagni*, die Badeanstalten mit Liegestühlen und Sonnenschirmen, einfach zu teuer.

Sonne, Wind und Wellen machen hungrig, und der perfekte Ort fürs Mittagessen ist das »Lo Scoglietto« im Nachbarort Rosignano Solvay. Auf der Terrasse unter Bambusmatten tragen Kellnerinnen Teller mit dampfenden Spaghetti aus der Küche. Der Chef Claudio Corrieri empfiehlt rote Scampi vom Monte Argentario und Pasta mit Seeigeln, gefangen gleich vor der Haustür, im Toskanischen Archipel. Dazu noch ein Glas eiskalter Vermentino Bolgheri!

Weiter geht es auf der Aurelia vecchia nach Vada, einem kleinen Badeort mit schönem Sandstrand. Statt Siesta zu halten, schwimme ich eine Runde im türkisfarbenen Meer – und falle sofort als Ausländer auf: Italiener kraulen nicht, sie stehen höchstens bis zu den Hüften im Wasser und plaudern.

Bevor ich Bibbona ansteuere, das Ziel des ersten Reisetages, ist noch Zeit für einen Abstecher nach Bolgheri. In Donoratico verlasse ich die Aurelia und fahre auf einer Platanenallee ein Stück zurück nach Norden, bis rechts die berühmte Viale dei Cipressi abzweigt, die längste Zypressenallee der Toskana. Schnurgerade zieht sie sich rund fünf Kilometer hin. Rechts geht es zur »Tenuta dell'Ornellaia«, daher stammt der gleichnamige berühmte Wein; auf der linken Seite die exklusive »Tenuta San Guido«, Wiege der Supertoskaner: Dort wird seit 1968 der Sassicaia gekeltert, einer der berühmtesten Rotweine Italiens.

Das Weindorf Bolgheri darf man seit einigen Jahren nur noch zu Fuß betreten, unterhalb des Orts gibt es einen großen Parkplatz. Vorbei an der roten Backsteinburg, an kleinen Häusern und Gärten, in denen Klematis blühen, laden kleine Gassen zum Schlendern ein. Längst ist auch dieser Ort durch und durch touristisch. Souvenirgeschäfte und Lokale reihen sich eins ans andere, und natürlich wird an jeder Ecke Wein verkauft. Probieren kann man die edlen Roten in der »Enoteca Tognoni« glasweise – zu stattlichen Preisen! Ich gehe weiter und genieße die schöne Aussicht auf die Weinberge der Maremma. Kaum zu glauben: Noch vor knapp 100 Jahren war die Region als Malariagebiet berüchtigt. Inzwischen haben viele italienische Weingüter sich hier Anbauflächen gesichert und produzieren exklusive Weine, die auf der ganzen Welt Höchstpreise erzielen.

2. Tag

Von Bibbona bis Punta Ala

Nach dem Frühstück geht es weiter durch das Hinterland. Castagneto Carducci ist ein Bergdorf wie aus dem Bilderbuch: Es entwickelte sich nach dem Zwiebelprinzip um das Castello aus dem 11. Jahrhundert und erhebt sich 200 Meter hoch über die Küste. Vor dem Rathaus steht die Büste des berühmten Sohnes: Giosuè Carducci, Dichter und Italiens erster Nobelpreisträger. Ihm zu Ehren hat sich das Dorf 1907 – in Carduccis Todesjahr – sogar umbenannt; ursprünglich hieß es Castagneto Marittimo. Schmale Straßen führen vorbei an Olivenbäumchen und Terrakottakübeln mit Geranien und Oleander hinauf zum Park auf der Piazzale Belvedere, dem höchsten Punkt des Dorfs, mit Panoramablick über das sanft geschwungene Hügelland und die Küste.

Mein nächstes Ziel heißt Suvereto. Hinter Castagneto weitet sich die Landschaft, wird zunehmend einsamer. Inmitten dichter Kastanienwälder erscheint das Bergdorf Sassetta, das sich wie eine Trutzburg an den Felshang schmiegt. Das Örtchen liegt nur 18 Kilometer von Suvereto entfernt, und doch liegen Welten dazwischen: hier Felsen und düstere Wälder, dort lichte, mediterrane Heiterkeit. Kein Wunder, dass der Weinort Suvereto bei vielen Deutschen und Schweizern so beliebt ist, die hier ihre Feriendomizile haben. Das gotische Rathaus →

1

3

Liegen und Sonnenschirme reihen sich am Strand von Castiglioncello (1). Über die mittelalterliche Stadtmauer von Bolgheri ragt die Kirche Santi Giacomo e Cristoforo (2). Die Landstraße windet sich in schönen Schwüngen Richtung Bibbona (3)

2

1

Zwischen Mittelmeer und Mittelalter: Im Hafen von San Vincenzo drängen sich die Boote um ein Liegeplätzchen (1). Suvereto mit seinen schmalen Gassen und Natursteinhäusern verbreitet mediterrane Heiterkeit (2), malerisch liegt der Ort in den Weinbergen (3)

3

2

mit dem Uhrenturm wurde runderneuert, und auch die Kirche Sant'Agostino und das Kloster San Francesco zeigen sich aufgefrischt. In anmutiger Schlichtheit präsentiert sich die Chiesa di San Giusto aus dem 10. Jahrhundert mit dem schönen Löwenportal, ein Musterbeispiel für romanische Baukunst.

Nach dem Ausflug ins Binnenland zieht es mich zurück ans Meer: Auf der SR 398 fahre ich durch Venturina und von dort über die Strada Provinciale Caldanelle zum Golf von Baratti, einer geradezu idealtypisch geschwungenen, halbmondförmigen Bucht, mit Schirmpinien fast bis zum Sandstrand. Aber ich mache mich auf zu den kulturellen Highlights meiner Route: In den 1970er-Jahren stieß man hier beim Erzabbau auf die antike Stadt Populonia. Ich parke außerhalb des mittelalterlichen Mauerrings und schlendere zur Rocca, der ehemaligen Festung aus dem 14. Jahrhundert, von der noch zwei trutzige Türme erhalten geblieben sind, einer rund, einer eckig. Meine Route hat ja bereits einige schöne Aussichtspunkte geboten, aber von dort oben ist der Blick durch die Burgzinnen wirklich grandios!

Gegründet wurde Populonia vor mehr als 2500 Jahren von den Etruskern, dem geheimnisvollen Volk, dessen Schrift bis heute nicht entschlüsselt werden konnte. Die Relikte etruskischer Kultur sind im archäologischen Park zu bewundern. Fast alles, was wir über sie wissen, verdanken wir ihrem Totenkult. In der Nekropole San Cerbone kann man ihre Gräber bestaunen: Auf dem freigelegten Gelände ist ein runder Grabhügel mit einer etwa 25 Meter breiten Kuppel zu besichtigen, unter der sich die Totenkammern befanden. Ein paar Schritte weiter steht ein Grab aus honiggelbem Travertin. Es hat ein Spitzdach und erinnert an einen kleinen Tempel: Die Etrusker stellten sich das Leben im Jenseits eher als vergnügliche, ja luxuriöse Variante des Irdischen vor.

Nach so viel Kultur brauche ich eine Stärkung. Populonia besteht praktisch nur aus einer einzigen Straße, über die ein paar Einheimische und eine junge italienische Familie schlendern; das gastronomische Angebot ist bescheiden. Aber ich kenne eine gute Alternative: »La Pergola«, unten am Hafen. Dort gibt es feinen Fisch – und die schöne Aussicht auf den Golf von Baratti gratis dazu.

Weiter geht es nach Vetulonia: zurück auf die Aurelia und dann 30 Kilometer nach Süden bis Bagno di Gavorrano. Ich folge der SP 152 in Richtung Castiglione della Pescaia bis zur Abzweigung nach Vetulonia. Die kurvenreiche Landstraße schraubt sich den Berg hinauf, kurz vor dem Ortseingang sehe ich links neben der Straße ein kleines Ausgrabungsfeld: Dort wurde Ende des 19. Jahrhunderts ein antikes Wohnviertel mit breiter, gepflasterter Straße ausgegraben, von dem allerdings nur die Grundmauern erhalten sind. Ein paar Kurven noch, und ich bin im Zentrum. Auf der Piazza Vetluna parke ich direkt vor dem Archäologischen Museum – das Kleinod liegt noch abseits der touristischen Routen, in ein paar Jahren wird es hier vielleicht auch ein Parkleitsystem und große Stellflächen vor dem Ortsschild geben.

Immerhin zeugt der Name schon heute von Bedeutung: Auf zwei Etagen zeigt das Museo Civico Archeologico Isidoro Falchi die Geschichte Vetulonias. Die im 9. Jahrhundert vor Christus gegründete Stadt war einst Mitglied des mächtigen etruskischen Zwölferbundes, eines Zusammenschlusses autonomer Städte. Einen etruskischen Staat gab es nämlich zu keiner Zeit. Reich wurde die Siedlung durch das Erz, das hier und in den Colline Metallifere in großen Mengen lagerte; ihre kulturelle Blütezeit erlebte sie im 7. und 6. Jahrhundert vor Christus, als Zentrum der Goldschmiedekunst. Davon zeugen fein ziselierte Amulette, Ringe und Goldketten, die neben Fundstücken aus Silber, Elfenbein und Ambra in den Vitrinen liegen.

Von der alten Etruskerstadt, deren Mauern sich von der Hügelspitze entlang der heutigen Zufahrtsstraße bis ins Tal hinunterzogen, ist wenig erhalten, wie ich beim Spaziergang feststelle. Am höchsten Punkt des Ortes finden sich einzig die Reste der einst schätzungsweise fünf Kilometer langen Stadtmauer. Auf der Via Giuseppe Garibaldi gehe ich zurück bis zur Bar »Il Ritrovo di Bes«, bestelle einen *caffè* und nehme ihn mit über die Straße zu einem kleinen Mäuerchen, um die herrliche Aussicht über die Maremma bis zum Tyrrhenischen Meer zu genießen.

Um nach Punta Ala zu kommen, meinem heutigen Etappenziel, fahre ich zurück bis zur Kreuzung nach Grilli, dort geht es rechts ab in Richtung Castiglione della Pescaia. Die Landstraße führt vorbei an Olivenhainen, Wäldern und Äckern. Dünn besiedelt ist die Gegend. Ein paar Bauernhöfe und viel Natur. Schwalben fliegen atemberaubende Manöver, Lerchen singen in der Höhe.

3. Tag

Von Punta Ala bis Capalbio

Nach dem Frühstück verlasse ich die mondäne Landzunge – Punta Ala ist seit Jahrzehnten die Urlaubsdomäne der Reichen und Schönen, luxuriöse Villen und Jachten sowie exklusive Hotels geben einen Eindruck davon. Die kurvige Straße führt durch dichten Korkeichenwald, vorbei an knorrigen Bäumen, deren Rinde frisch geerntet wurde. Eichelhäher mit leuchtend blauen Federn hüpfen von Ast zu Ast, begleiten mich ein Stück auf meinem Weg. Nach 20 Kilometern erreiche ich mein nächstes Ziel: Castiglione della Pescaia.

Schon der Name klingt verheißungsvoll. Zu Recht gilt das Städtchen als einer der schönsten Badeorte an der gesamten Toskanaküste. Über dem von einer trutzigen Ringmauer mit elf Wachtürmen umschlossenen Stadtkern thront eine mächtige Rocca. Der Weg zur Festung ist zwar steil, sie liegt mehr als 300 Meter über dem Meer, aber der Aufstieg lohnt sich. Denn nirgendwo erschließt sich der Ort so gut wie dort oben. Castiglione liegt am Fluss Bruna, der hier ins Meer fließt. Seine Mündung teilt Castiglione in Alt- und Neustadt. Im Hafen schaukeln Fischerkähne neben Segeljachten und Motorbooten auf dem Wasser. Fußgänger, klein wie Ameisen, gehen über die Uferpromenade zum roten Leuchtturm am Ende der Mole. Eine frische Brise weht vom Meer. Am Horizont erscheinen die Silhouetten von Elba und Korsika.

Beim Spaziergang durch das *centro storico* mit seinen steilen, engen Gassen scheint die Zeit stillzustehen. Eine schwarze Katze döst im Hauseingang, über mir in der Gasse flattert frisch gewaschene Wäsche im Wind. Und schon von Weitem sehe ich die →

Schlange am Beginn der Fußgängerzone: Sergio Corradini verkauft das köstlichste Eis weit und breit, zubereitet mit Biomilch aus der Umgebung, Kastanien vom Monte Amiata, Schokolade von Amedei und, und, und ... Schade, dass ich Sergios Eiskugeln nicht auf Vorrat mitnehmen kann.

An sonnenhellen Tagen wie heute wollen alle nur ans Meer. Aber nach Ferragosto, Mariä Himmelfahrt Mitte August, ist für die meisten Italiener der Sommer vorbei. Dann beginnt hier die Nebensaison – und für uns Nordlichter ist es immer noch sommerlich warm.

Mein Lieblingsstrand liegt im Parco Regionale della Maremma. Er ist 15 Kilometer lang, eingerahmt von Pinienwäldern und führt flach ins Meer. Es gibt keine Bars, weder Strandkörbe noch Duschen, dafür viel Natur. Bei »Alimentari Martini« kaufe ich Weißbrot, Parmaschinken, Salami, Pecorino und Kaltgetränke, packe alles in die Tasche mit meinen Badesachen, und dann ab über die Küstenstraße SP 158 in Richtung Marina di Grosseto. Kurz vor Spergolaia geht es rechts ab zum Strand von Alberese. Dort führt eine schmale Straße zwischen Weideflächen, über die graue Rinder mit langen Hörnern preschen. Drei Cowboys galoppieren hinterher und fangen die aufgeregten Tiere mit dem Lasso ein. Die Maremma ist die Heimat der Butteri, der letzten sattelfesten Toskaner.

Am Strand von Marina di Alberese mache ich einen Spaziergang. Die Brandung ist sanft, das Meer tiefblau und glasklar, der Sand ultrafein. Ein kühles Bad und dann ein Picknick – so vergeht die Zeit bis zum späten Nachmittag.

Capalbio ist das Kontrastprogramm zum Maremma-Naturpark. Die Ortschaft liegt 15 Kilometer von der Küste entfernt. Hell und schon von Weitem sichtbar leuchtet *Caput Album* (der lateinische Name) auf seinem grünen Hügel. Das mittelalterliche Dorf ist fest in römischer Hand, viele Hauptstädter verbringen hier ihre Ferien. Der Ort hat sich herausgeputzt, ohne dabei seinen provinziellen Charme zu verlieren. Ich gehe durch die Porta Senese in die verwinkelten Gassen des Zentrums zum Castello Collacchioni – einem letzten Aussichtspunkt: Beim Blick vom zinnengekrönten Turm in die Tiefe stockt mir der Atem. ◐

IN DREI ETAPPEN NACH SÜDEN

Supertoskaner direkt vom Winzer, Pasta und Meeresfrüchte im Strandlokal, Etruskermuseen und charmante Hotels: unsere besten Tipps

1. Tag

ANSCHAUEN

SANTUARIO DELLA MADONNA DI MONTENERO
Schon die Anreise ist ein Vergnügen: in der Seilbahn, die vom Dorfplatz in Montenero Basso – dort ist auch der Parkplatz – im 15-Minuten-Takt in die Höhe führt.
116 *Loc. Montenero, Piazza di Montenero 9, Tel. 0586-57 96 27, www.santuariomontenero.org*

CASA CARDUCCI
Der Schriftsteller und Nobelpreisträger Giosuè Carducci hat hier und in Bolgheri einen Teil seiner Jugend verbracht. Das kleine Museum gibt Einblick in sein Leben.
117 *Castagneto Carducci, Via Carducci 59, Tel. 0565-76 50 32, www.carducciecastagneto.wordpress.com; Eintritt 2 €; Mo geschl.; im Haus Nr. 2 ist das Museo archivio Carducci – Parco Letterario beheimatet. Eintritt dort frei*

TENUTA SAN GUIDO
Die Wiege der Supertoskaner: der Rotweine, die nicht aus dem heimischen Sangiovese, sondern vornehmlich aus den französischen Rebsorten Cabernet Sauvignon und Cabernet Franc gekeltert werden. Man kann das Gut nur nach Voranmeldung besichtigen.
118 *Bolgheri, La Capanne 27, Tel. 0565-76 20 03, www.tenutasanguido.com.*

CANTINA PETRA
Die moderne Cantina ist auch für Architektur-Fans interessant: Auf dem südöstlich von Suvereto gelegenen Weingut, ein Entwurf des Schweizer Stararchitekten Mario Botta, werden Weinkeller mit Lichtshows inszeniert.
119 *Suvereto, Loc. San Lorenzo Alto 131, Tel. 0565-84 53 08; Besichtigung nur nach Voranmeldung, Führung inkl. Weinprobe 20 €*

EINKAUFEN

ENOTECA TOGNONI
Hier gibt es die begehrten Supertoskaner – Sassicaia, Ornellaia, Masseto & Co. – und andere italienische Topweine, viele auch glasweise.
120 *Bolgheri, Via Lauretta 5, Tel. 0565-76 20 01, www.enotecatognoni.it*

ESSEN & TRINKEN

CAFFÈ GINORI
In dem Traditions-Caffè gibt es neben erstklassigem Espresso feines Gebäck und köstliche Kuchen, gebacken in der hauseigenen Konditorei.
121 *Castiglioncello, Via Aurelia 947, Tel. 0586-75 90 55, www.caffeginori.com*

RISTO-BEACH LO SCOGLIETTO
Lust auf Pasta mit Seeigeln, gegrillten Wolfsbarsch und Meeresfrüchte-Platten? Dann sind Sie hier richtig. Patron Claudio Corrieri schwört auf Slow Food und kennt sich in der Weinwelt aus.
122 *Rosignano Solvay, Via Lungomare Monte alla Rena 13–15, Tel. 0586-76 79 62, www.loscogliettorosignano.it; Okt. bis März geschl.*

RISTORANTE LA PINETA
Eines der besten Fischrestaurants Italiens. Luciano Zazzeri verarbeitet nur erstklassige Fische und Meeresfrüchte: frisch aus dem Meer. Das wird seit Jahren mit einem Michelin-Stern belohnt. Exzellente Weinkarte.
123 *Marina di Bibbona, Via Dei Cavalleggeri Nord 27, Tel. 0586-60 00 16, www.lapinetadizazzeri.it*

SCHLAFEN

€€ LOCANDA DI VILLA TOSCANA
Charmantes B & B, das Mariquita Papi und Riccardo Serretti im entspannten toskanischen Country-Stil eingerichtet haben.
124 *Bibbona, Via Vittorio Emanuele 41, Tel. 0586-67 19 36, www.lalocandadivillatoscana.it, DZ ab 130 €*

€€ RELAIS SANT'ELENA
Wer gern auf dem Land übernachten möchte: Das luxuriös umgebaute Bauernhaus mit vier Zimmern, Antiquitäten, einem Garten voller

€ DZ bis 100 € €€ bis 140 € €€€ ab 141 €

Rosen und Pool ist der ideale Ort. Es liegt nur ein paar hundert Meter außerhalb Bibbonas.
125 *Bibbona, Via Campo di Sasso, Tel. 0586-67 10 71, www.tenutagardini.it, DZ/F ab 130 €*

2. Tag

ANSCHAUEN

IL PARCO ARCHEOLOGICO DI BARATTI E POPULONIA
Das antike Populonia war ein Zentrum der etruskischen Metallindustrie. Über das Leben, Schaffen und Sterben des Kunst liebenden Volkes informiert der archäologische Park auf 80 Hektar. Unser Tipp: ein Spaziergang durch die Nekropole an der Riviera degli Etruschi, unterhalb des Bergdorfs.
126 *Piombino, Loc. Barátti, Tel. 0565-290 02, www.parchivaldicornia.it; Eintritt ab 5 €, vom 9.–25. Dez. geschl.*

MUSEO CIVICO ARCHEOLOGICO ISIDORO FALCHI
Das Haus an der Piazza gehört zu den schönsten Etrusker-Museen in der Toskana. Auch der Besuch der Nekropole lohnt sich: Sie liegt unterhalb des Ortes, Richtung Grilli, an der Via dei Sepolcri: Die Ausgrabungsstätte am Ortseingang passieren und der Schotterstraße rechts folgen, Hinweisschilder beachten. Einzigartig ist die Tomba della Pietrera: ein 14 Meter hoch aufgeschütteter Erdhügel von 70 Meter Durchmesser und eine restaurierte Grabkammer mit drei Meter dicken Mauern. Hier wurden Fragmente lebensgroßer Götterstatuen gefunden: die ältesten ihrer Art.
127 *Vetulonia, Piazza Vetluna 1, Tel. 0564-94 80 58, www.museoisidorofalchi.it; Eintritt 5 €*

ESSEN & TRINKEN

RISTORANTE LA PERGOLA
Am Golfo di Baratti isst man nirgends besser. Man sitzt auf der Terrasse unter Bäumen und genießt Thunfisch-Tartar, Fischbällchen und gegrillten Fisch mit Artischocken bei einem gut gekühlten Glas Spumante.
128 *Piombino, Loc. Barátti 21, Tel. 0565-295 96*

IL RITROVO DI BES
Lässige Bar mit Panoramablick über die südliche Maremma. Es gibt gemischte Salami-Platte mit Pecorino und Honig sowie andere Kleinigkeiten. Dazu ordentliche toskanische Weine, auch glasweise.
129 *Vetulonia, Via Giuseppe Garibaldi 4*

SCHLAFEN

€ HOTEL LA BUSSOLA
Das moderne Ferienhotel präsentiert sich mit sechseckigen Pavillons im Pinienwald am Strand von Punta Ala. Dazu gehört ein Garten mit Palmen und Oleanderbüschen und gemütlichen Sitzecken.
130 *Punta Ala, Via della Dogana, Tel. 0564-92 27 65, www.labussolapuntaala.it, DZ/F ab 80 €*

Im Parco Regionale della Maremma kann man den toskanischen Cowboys und ihren Pferden begegnen

3. Tag

EINKAUFEN

ALIMENTARI MARTINI
Der beste Feinkostladen im Ort. Hier gibt es Salami, Prosciutto di Parma, Pecorino, Feigen, Melonen und andere Leckerbissen für das Picknick am Strand.
131 *Castiglione della Pescaia, Via G. Marconi 58, Tel. 0564-93 38 89*

ANSCHAUEN

PARCO REGIONALE DELLA MAREMMA
Der schönste Naturpark der Toskana. Er erstreckt sich rund 25 Kilometer zwischen Principina a Mare und Talamone. Der Zugang zum Park ist reglementiert und gebührenpflichtig (ab 5 €). Anmeldung im Besucherzentrum am Ortsrand von Alberese. Der Zugang zum Strand ist frei. Die Zufahrt bzw. Parkgebühr für Autos zur Marina di Alberese kostet 1,50 € pro Stunde.
132 *Loc. Alberese, Via del Bersagliere 7/9, Tel. 0564-40 70 98, www.parco-maremma.it*

ESSEN & TRINKEN

ENCANTO WHITE
Im weißen Strandrestaurant von Rocchette wird man auch beim einfachen Nudelgericht zuvorkommend bedient. Gut sortierte Weinkarte. Idealer Platz für ein kleines Mittagessen und den Aperitif am Meer.
133 *Castiglione della Pescaia, Loc. Le Rocchette, Strada delle Rocchette, Tel. 0564-94 71 26*

CREMERIA CORRADINI
Das Gelato von Sergio Corradini ist konkurrenzlos gut. Mein Favorit: *hocolate* (mit Schokolade von Amedei) und Sahneeis mit Biomilch.
134 *Castiglione della Pescaia, Corso della Libertà 45, Tel. 0564-93 94 31*

STABILIMENTO BALNEARE ULTIMA SPIAGGIA
Tagsüber gibt es Snacks und einfache Gerichte, abends ein feines Buffet bei Kerzenlicht.
135 *Capalbio, Loc. Chiarone Marina, Tel. 0564-89 02 95, www.ultimaspiaggia.com; von Okt. bis Ende März geschl.*

SCHLAFEN

€€ LOCANDA ROSSA
Eine gelungene Mischung aus Land- und Designhotel vier Kilometer von Capalbio entfernt. Es gibt 14 behagliche Zimmer, 2 Apartments, einen Pool, ein Spa – und rundherum Felder und Olivenhaine.
136 *Capalbio, Strada Capalbio Pescia Fiorentina 11 b, Tel. 0564-89 04 62, www.locandarossa.com, DZ/F ab 130 €*

Verlängerung

Wer noch einen oder zwei Tage dranhängen möchte, sollte den Monte Argentario erkunden: eine Halbinsel, die über zwei Straßen mit dem Festland verbunden ist. In den hübschen, belebten Küstenorten Porto Santo Stefano und Porto Ercole gibt es zahlreiche Hotels, Restaurants, Boutiquen mit Sommersachen, Eisdielen und Weinbars, im bergigen Hinterland schöne Wanderwege, und das Meer ist sauber – viele Badebuchten eignen sich zum Schwimmen.
137 *Ufficio di Informazione Turistica di Porto Santo Stefano, Piazzale S. Andrea 1, Tel. 0564-81 42 08*

BÜCHER *lettura

Frisch gedruckt: die schönsten Rezepte aus Florenz, Umbrien und der Toskana, ein Krimi mit liebenswerten Ganoven, amouröse Novellen, handliche Reiseführer für unterwegs und schöne Bildbände für zu Hause

FLORENZ. DAS KOCHBUCH

Von Emiko Davies, Dorling Kindersley, 26,95 €

Was passiert, wenn eine junge Frau mit japanisch-australischen Wurzeln zum ersten Mal nach Florenz kommt? Sie verliebt sich. In die Stadt. In die Toskana. Und schließlich auch in ihren späteren Mann. Mit ihm lebt sie längst außerhalb von Florenz und variiert dort jeden Tag die klassischen Florentiner Gerichte: Thunfischsalat mit Bohnen und Zwiebeln, Zuccotto, frittierte Reisbällchen, die Torta della Nonna, für die es wie in jeder Familie ein eigenes Rezept gibt. Mit den vielen stimmungsvollen Fotografien von Straßen- und Marktszenen ist das Buch wie ein Spaziergang durch die schöne Stadt am Arno.

■ **So kocht Umbrien.** *Von Daniela u. Felix Partenzi, Gerstenberg, 26 €* Als Tochter eines italienischen Kochs und einer deutschen Lehrerin verbrachte Daniela Partenzi fast alle Sommerferien ihres Lebens in Umbrien. So hatte sie nicht nur reichlich Zeit, die typisch umbrischen Rezepte zu sammeln: von frittierten Zucchiniblüten über Strozzapreti mit Artischocken und Speck bis zur Torta al Testo. Auch unendlich viele Geschichten hat sie im Laufe der Jahre aufgelesen: von Lucianos Begegnung mit einem temperamentvollen Wildschwein; von Sandro, dem ein als Osterbraten geplanter Fasan entwischt; von ihrer wagemutigen, weit gereisten Tante Graziella, die sogar Sushi probiert hat in Tokio ... Zum Glück teilt ihr Mann die Liebe zur italienischen Verwandtschaft und zum Essen. Das Resultat ist dieser heitere Band, der nur einen Wunsch offen lässt: ein Fotoverzeichnis für die Landschaftsaufnahmen.

TOSKANA. EINE KULINARISCHE LIEBESERKLÄRUNG

Von Csaba dalla Zorza, Callwey, 39,95 €

Ebenso hübsch wie seine Verfasserin ist das Koch- und Bilderbuch der italienischen Erfolgsautorin mit eigener TV-Show. Kein Wunder: GEO-SAISON-Fotograf Stefano Scatà hat die Aufnahmen für diesen Band gemacht und dafür wunderbare Locations gefunden. Die Rezepte: Ribollita, Risotto mit Steinpilzen, Panzanella, Tagliatelle mit Wildschweinragout – nichts Neues im toskanischen Kochtopf, aber die bekannten und beliebten Gerichte sind besonders schön in Szene gesetzt.

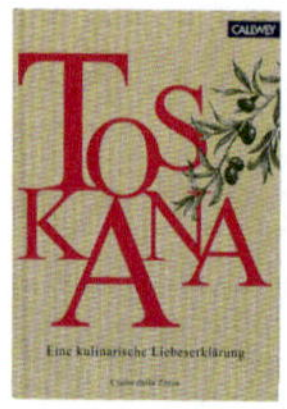

NEU AUFGELEGT:

Marken. Italienische Adria. *Von Annette Krus-Bonazza, DuMont Reise-Taschenbuch, 17,99 €*
Von Pesaro bis Ascoli Piceno: die wichtigsten Orte und Sehenswürdigkeiten, gut recherchiert und aktualisiert.

Baedeker Smart – Florenz. *Perfekte Tage in der Toskana-Metropole, 14,99 €*
Die zweite Auflage des praktischen Ringbuchs über die Hauptstadt: Fotos, Tipps und Adressen, dazwischen kleine, informative Texte zu Kultur, Geschichte, Hintergrund.

Umbrien – Via-à-Vis. *Von Giovanni Francesino, Marina Gragoni, Dorling Kindersley, 19,99 €*
Die aktualisierte Neuauflage des handlichen Reiseführers enthält zahlreiche praktische Tipps und Adressen, dazu informative Kapitel über Geschichte, Kunstgeschichte und Architektur. Mit Fotos, Karten, Zeichnungen – und jetzt neu ausgestattet mit einer kleinen Rezeptbroschüre typisch umbrischer Gerichte.

Osterie d'Italia 2017/2018. *Hallwag, 29,99 €*
Mehr als 1700 kulinarische Adressen in ganz Italien, ausgewählt und empfohlen von Slow Food, übersichtlich geordnet nach Regionen und Orten – ein unverzichtbarer Klassiker für alle, die gern in ursprünglichen Gasthäusern einkehren.

DIE ETRUSKER

Von Friederike Bubenheimer-Erhart, Verlag Philipp von Zabern, 24,95 €
Die Etrusker waren eines der bedeutendsten Völker der Antike, in der Toskana haben sie viele Spuren hinterlassen. Wer mehr über sie erfahren möchte, wird mit diesem Band fündig: Die Wiener Archäologin Friederike Bubenheimer-Erhart hat ein Buch über Kultur, Entwicklung und Bedeutung der Etrusker geschrieben, gleichermaßen lesenswert für Fachleute wie für Laien. Die Fotos von filigran gearbeiteten Schmuckstücken, hübschen Alltagsgegenständen wie Schalen und Handspiegeln sowie Bronzestatuen zeigen Kunstfertigkeit und Lebensfreude der Etrusker.

HANDLICH:

Florenz. *Von Michaela Namuth, DuMont Direkt, 11,99 €*
Perfekt für Einsteiger: In 15 gut verdaulichen Kapiteln werden die Hauptattraktionen der Stadt vorgestellt, vom Ponte Vecchio bis zum Handwerkerviertel Oltrarno. Dazu gute Restaurant-, Hotel- und Einkaufstipps. Und eine hübsche Idee: die Kategorie »Um die Ecke« mit Läden, Lokalen, Museen und mehr nahe der Hotspots wie Dom und Uffizien.

Toskana. *Von Thomas Migge, Merian Momente, 14,99 €*
Für Anfänger und Fortgeschrittene: Seit vielen Jahren lebt der Italien-Korrespondent in Rom, doch sein Herz schlägt auch für die Toskana, über die er bereits mehrere Bücher veröffentlicht hat. In diesem schmalen Band beschreibt er sachkundig und unterhaltsam die großen und kleinen Sehenswürdigkeiten, gibt praktische Tipps und hat diverse neue Hotel- und Restaurantadressen eingearbeitet.

Franziskusweg Pilgerführer. *Von Simone u. Anton Ochsenkühn, Amac-Buch Verlag, 19,95 €*
Der richtige Begleiter für die Wanderung: Detailliert beschreibt er die Etappen von Florenz bis Rom; die Karten verzeichnen neben Entfernungen auch die Höhenmeter. Für jedes Ziel gibt es Hotelempfehlungen. Die GPS-Daten für die Route können Leser sich kostenlos herunterladen.

Ergötzliche Nächte. Unerhörte Geschichten aus der italienischen Renaissance. *Herausgeg. von Rainer Schmitz, Die Andere Bibliothek, 42 €*
Heiter, unterhaltsam und kurios sind die amourösen Abenteuer, die der Münchner Publizist Rainer Schmitz zusammengetragen hat. Sie handeln von der Frau, die ihrem Mann weismacht, dass ihr Liebhaber ein Kobold sei, vom Priester, der einen jungen Mann für ein Mädchen hält und ihn unbeabsichtigt mit der eigenen Tochter verkuppelt, vom wilden Treiben in Nonnenklöstern, Bischofssitzen und im Weinberg. Wie alle Bücher der »Anderen Bibliothek« ist diese Novellensammlung sorgsam gestaltet, mit einem edlem Einband versehen und auf schönem Papier gedruckt.

Italiens wilde Seele. *Von Stefan Rosenboom, Knesebeck, 34,95 €*
Nur ein Teil dieses Bildbands spielt in Italiens Mitte, dennoch stellen wir ihn hier vor, weil Stefan Rosenbooms Fotos so eindringlich und poetisch sind. Er nimmt uns mit in die unberührte Bergwelt, in die Foreste Casentinesi beispielsweise: Die Toskana ist eine der meistbereisten Gegenden der Welt, doch ihr Norden ist fast menschenleer und unbekannt. Wir begegnen Bauern und Schäfern, entdecken einsame Wege in den umbrischen Monti Sibillini, durchstreifen den Toskanisch-Emilianischen Apennin und erfreuen uns an Rosenbooms sehr persönlichen Reiseeindrücken – auch seine Texte zeigen, wie sehr ihm diese Landschaften am Herzen liegen.

Verbrechen auf Italienisch. *Von Marco Malvaldi, Piper, 10 €*
Ein leicht verpeilter, aber sympathischer Computerfreak mit einer großen Leidenschaft für Literatur, ein erfolgreicher Schriftsteller in einer kreativen Sackgasse, eine clevere Polizistin mit rumänischen Wurzeln, ein junger Klempner, der sich in krumme Geschäfte verwickelt: Marco Malvaldi führt seine Protagonisten durch die aberwitzigsten Zufälle zusammen – und zum Happy End.

SPIELRÄUME UND ZEITSPRÜNGE

Antike Fresken, Vintagemöbel und Industrielook: Mit süditalienischem Temperament und Lust am Wandel hat die Designerin Paola Sardone einen alten Palazzo mitten in Florenz in die Gegenwart geholt

TEXT **TAMI CHRISTIANSEN** FOTOS **NATHALIE KRAG**

Zeitreise im Wohnzimmer: Die handgemalten Fresken stammen aus der Renaissance, die Vintage-Stühle aus dem vergangenen Jahrhundert und die Glühlampen sind ganz aktuell aus der Gegenwart

Persönliche Handschrift, nicht nur auf den Buchseiten: Der Gartentisch trägt bunte Fliesen, die rote Hand erinnert an Marokko, der Seeigel an Apulien. Im Wohnzimmer leuchten rote Akzente, die 50er-Jahre-Sitzecke macht den Schlafraum gemütlich

Kombinationstalent, im Großen wie im Kleinen: Paola Sardone, rechts in ihrem Wohnzimmer, stellt beherzt Vintage-Möbel unter die Fresken im Schlafraum und funktioniert Glasglocke und Silberlöffel um zum Designobjekt (u.)

Alles im grünen Bereich, mitten in Florenz: Designerin Paola Sardone auf ihrer Terrasse. Im wilden Garten darf die Natur gern das Styling übernehmen

Mit seiner ausgeprägten persönlichen Note und den zahlreichen Erinnerungsstücken aus ihrer apulischen Heimat am Mittelmeer spiegelt das Haus die Kreativität seiner quirligen Besitzerin wider. Für Paola Sardone, die es vor vier Jahren erwarb, ist der Palazzo im Zentrum von Florenz ein Ideenlabor. Das Renaissancegebäude grenzt an den Boboli-Garten in der Nähe der Porta Romana. Ein verwilderter Garten umgab es, als sie es entdeckte; die Originalfresken und Kamine waren erhalten. Abgesehen von der Lage reizte Paola »der unberührte, jungfräuliche« Zustand des Hauses, und so stürzte sie sich in die Arbeit. »Ich habe neun Monate damit verbracht, es zu restaurieren. Es dauerte so lange wie eine Schwangerschaft – das Austragen eines Babys.«

Das Ergebnis ist inspirierend. Die in ihrem ursprünglichen Zustand belassenen hellgrauen Wände und Fresken bilden einen idealen Hintergrund für Paolas Kollektion aus modernen Einrichtungsgegenständen, umgedeuteten Objekten und Stücken im Industrie-Look, allesamt mit den Augen einer Stylistin ausgewählt und mit ihrer Erfahrung präsentiert. Bücher- und Zeitschriftenstapel sind mit langen roten Geschenkbändern zusammengeschnürt. Originelle Fundstücke setzen Akzente, mit denen man nicht rechnet. Eine Türeinrahmung, gemalt von Carlo Colli, einem befreundeten Künstler, verleiht dem Geheimzugang zum Schlafzimmer einen mysteriösen Anstrich.

»Ich wollte eine warme, anheimelnde Umgebung schaffen, mit hellen Farbtönen, die das natürliche Licht einfangen. Elemente, Farben und Gegenstände sollten mich ans Meer erinnern oder etwas Unerwartetes hereinbringen. Das Haus ist nicht gerade typisch toskanisch.« Eines der dekorativen apulischen Lichtelemente – *luminaria,* wie sie in der Straßenbeleuchtung und bei religiösen Prozessionen zu den Festtagen der Heiligen zum Einsatz kommen – verleiht der Diele eine festliche Note. Belgische Fliesen in verschiedenen Blau- und Grüntönen bringen die Farben des Meeres in Badezimmer und Gäste-WC. Für die schmale Küche hat sie ein dunkles Pflaumenrot gewählt. »Es herrscht ein starker Kontrast zwischen dem kühlen Grau der Wände und den kräftigen Farbtupfern. Ich bevorzuge wenige starke Farbelemente in einem neutralen Raum, meiner Meinung nach wird der Gesamteindruck dadurch stärker.«

Obschon das Haus irgendwann zwischen dem 15. und dem 17. Jahrhundert erbaut wurde, wollte Paola sich nicht von seiner Vergangenheit einengen lassen. »Ich schätze den Kontrast zwischen Alt und Neu. Wenn man zu viele Antiquitäten in ein altes Haus stellt, wirkt das von der Optik und der Atmosphäre her sehr schwer. Ich kaufe lieber alte Stücke mit interessanten Formen und passe sie selbst so an, dass sich etwas Neues und im heutigen Kontext Funktionales ergibt. Oder ich suche in der Natur nach Fundstücken.« Ein hölzerner Unterbau mit Beinen aus den 50er-Jahren, gepaart mit einer Eisentischplatte vom Flohmarkt, von Hand gefertigte Lampen aus verschiedenen Quellen, die neu aufgearbeitet wurden, sowie Muscheln und Korallen sind nur einige Beispiele ihrer Sammlungen und Kombinationen. Die Philosophie hinter ihrer Einrichtung lautet: Nichts ist unveränderlich, alles ist nur vorübergehend. Das gesamte Haus vermittelt diesen Eindruck von Wandelbarkeit und Weiterentwicklung. Historisch Gewachsenes auf der einen Seite und die Zukunft mit ihren noch unbekannten, mannigfaltigen Möglichkeiten auf der anderen – das ist Paolas Verständnis vom Wohnen, wie sie es für sich verwirklicht.

So oft wie möglich kehrt sie nach Apulien zurück und bringt von dort neue Sammelobjekte für ihr Zuhause mit: Mit jedem Stück Strandgut zieht immer mehr südliche Lebensart ein in den toskanischen Palazzo. ◐

SCHAU AN, GUTE IDEE!

Hier können Sie was erleben: Kochen lernen, Städte und Landschaften erkunden, künstlerische Neigungen vervollkommnen, interessante Menschen kennenlernen. Kreative Urlaubsgestalter laden zur Entdeckungsreise – beim Malen, Fotografieren, Tangotanzen …

A

■ **Accademia Libera Natura e Cultura.** Die hügelige Landschaft der Toskana lädt nicht nur zum Malen und Bildhauern ein. Die Stiftung des italienisch-französischen Vereins Marco Polo bietet in Querceto und in Mazzolla, einem Dorf bei Volterra, Kunstworkshops, Kurse für Klavier, Gitarre, Gesang, Blas- und Streichinstrumente – aber auch Fotografie, Kochen und Tango. *Via di Borgo 1, I-56040 Fraz. Querceto, Montecatini Val di Cecina, Tel. mobil 0039-329-882 63 91, www.association-marcopolo.org*

■ **Agriturismo Villa La Rogaia.** Gäste wohnen in einem von Künstlern umgebauten Landhaus in Umbrien. Angeboten werden Kreativkurse, u. a. für Malerei und Kochen; Italienischunterricht, Olivenernte. Annette Greifenhagen organisiert auch Wanderungen. *Via Campagna 17, Castel Rigone, I-06065 Passignano sul Trasimeno, Tel. 0039-075-84 54 57, www.rogaia.de*

■ **ASI-Reisen.** Acht Tage auf eigene Faust durch Olivenhaine und Weinberge von Florenz bis Siena trekken oder mit dem E-Bike auf der Strecke der »Eroica«, einer Radrundfahrt für historische Rennräder, durchs Chianti fahren; Wein- und Olivenölverkostung inklusive. Beides auch als geführte Tour. *In der Stille 1, A-6161 Natters/Tirol, Tel. 030-31 87 79 33, www.asi-reisen.de*

■ **Atelier Brigitte Guhle.** Morgens: Aktzeichnen und Porträt. Nachmittags mit Pinsel und Leinwand in die Natur. Die hessische Künstlerin lehrt auf einem Landgut zwischen Certaldo und San Gimignano. Mit Pool. Abends gibt es typisch toskanische Küche. *Aukammallee 1, 65191 Wiesbaden, Tel. 0611-205 65 00 und mobil 0171-830 99 56, www.brigitteguhle.de*

■ **Atelier Cetona.** Kreativurlaub auf einem Landsitz in der Nähe von Siena, umgeben von Weinbergen. Im Angebot z. B. Marmorieren von Papier, Malen, Zeichnen und Kochen. *Podere Palazzolo delle Vigne, S. S. 321 Sud 57, I-53040 Cetona, Tel. 0039-0578-24 50 26, www.atelier-cetona.de*

B

■ **Badia a Coltibuono.** Exklusive Weinproben, Olivenölverkostungen, Kochkurse im Chianti. Übernachtung in der 1000 Jahre alten Abtei, die heute ein renommiertes Weingut ist. *Loc. Badia a Coltibuono, I-53013 Gaiole in Chianti, Tel. 0039-577-744 81, www.coltibuono.com*

■ **Baumeler Reisen.** Z. B. Wanderungen durch das Chianti oder Mountainbike-Touren in der Maremma. Der Schweizer Veranstalter bietet auch Malreisen an. Mit Weingutbesichtigungen und Degustationen. *Zinggentorstr. 1, CH-6006 Luzern, Tel. 0041-41-418 65 65, www.baumeler.ch*

■ **Born & Hennig Wanderreisen.** Individuelle Wanderungen in der Toskana und in Umbrien. Reiseleiter Christoph Hennig hat bereits mehrere Führer über beide Regionen verfasst. Mit Kartenmaterial und Gepäcktransport. *Im Diepental 36, 40597 Düsseldorf, Tel. 0033-385-40 53 46 und mobil 0039-338-729 89 70, www.italienwandern.com*

C

■ **Campo dell'Altissimo.** In der Nähe der Marmorbrüche von Carrara lernen Anfänger und Fortgeschrittene Bildhauerei, Malen und Zeichnen. Im Sommer auch Wanderwochen ins Marmorgebiet. *Courbièrestr. 13, 10787 Berlin, Tel. 030-30 64 75 03, www.campo-altissimo.com*

D

■ **Dem Wein auf der Spur.** Italienkenner Thomas Köster begleitet Gruppen zu Winzern, Produzenten und kulinarischen Festen. Außerdem: Kochkurse für toskanische Spezialitäten. *Mörikestr. 15, 67549 Worms, Tel. 06241-92 54 56, www.weinspuren.de*

■ **Dertour.** Breites Angebot in der Toskana, in Umbrien und den Marken: Ob Gourmetreise im eigenen Auto mit Weinverkostung oder Familienurlaub im Landhotel. *Tel. 069-153 22 55 33, www.dertour.de*

F

■ **Feinschmecker-Seminare Gertrud Liebhaber.** Der renommierte Spezialist Dr. Jens Priewe leitet Weinreisen in die Toskana mit Besuchen auf exklusiven Weingütern. Der Veranstalter bietet auch Feinschmeckerreisen und Kurse bei Sterneköchen in der Toskana an. *Neptunweg 9, 82205 Gilching, Tel. 08105-42 49, www.feinschmecker-seminare.de*

H

■ **Hauser Exkursionen.** Auf eigene Faust von Florenz nach Siena wandern. Die Route führt vorbei an Weinbergen, Landgütern, Zypressen und Olivenhainen durch die Toskana. Mit Gepäcktransport. *Spiegelstr. 9, 81241 München, Tel. 089-235 00 60, www.hauser-exkursionen.de*

I

■ **Incontri Culturali.** Kulinarische Reisen und Kulturtrips durch Umbrien. *Franz-Joseph-Str. 41, 80801 München, Tel. 089-271 65 60, www.incontri.de*

K

■ **Darchini Oed Kulturtouristik.** Das Genießer- und Kulturangebot reicht von Weinreisen über Trüffelsuche bis zu Vespa-Touren durch Umbrien und die Toskana. Auch Sprachkurse und Wellnesswochen. *Brandenburger Str. 1, 78467 Konstanz, Tel. 07531-92 75 76, www.kulturtouristik.de*

L

■ **LaMar Reisen.** Einen Tag, ein Wochenende oder eine ganze Woche mit Meeresbiologen auf einem Katamaran Delfine im Mittelmeer beobachten. Übernachtet wird auf dem Schiff. *Im Bleichetal 7 a, 38667 Bad Harzburg, Tel. 040-78 80 78 48, www.lamar-reisen.de*

M

■ **Mediterranean Music School.** Gitarrenstars unterrichten Jazz-, Blues-, Akustik- und E-Gitarre – auch für Anfänger geeignet; außerdem: Gesangskurse. Während der Workshops kann ein toskanischer Kochkurs belegt werden. Abends treffen sich Hobbymusiker und Dozenten zur Session. *Mainzer Str. 143, 71672 Marbach am Neckar, Tel. 07144-59 87, www.med-music-school.com*

■ **Musica Viva.** Musikferien in romantischen Landhäusern, z. B. mit Kursen für Gesang, Gitarre, Klarinette, Querflöte, Saxophon, Streichinstrumente; Chor- und Jazzgesang; Improvisationen, Tangokurse. Auch für Anfänger geeignet. *Kirchenpfad 6, 65388 Schlangenbad, Tel. 06129-50 25 60, www.musica-viva.de*

■ **My Own Travel.** Besondere Hotels, Rundreisen, Gourmet- oder Kulturtrips ohne Gruppenanschluss: Wunschurlaub für Individualisten, auch in der Toskana und in Umbrien. *Heimgartenweg 6, 82401 Rottenbuch-Schönberg, Tel. 08867-913 26 04, www.my-own-travel.de*

R

■ **Rotalis Radreisen.** Per Zweirad durch die Südtoskana und Umbrien, etwa in kleiner Gruppe in einer Woche von Florenz nach Rom. *Joseph-Haydn-Str. 8, A-4780 Schärding, Tel. 08106-35 91 91, www.rotalis.com*

■ **Rückenwind Reisen.** Vielseitiges Angebot an Radreisen in der Toskana, z. B. entlang der Küste von Pisa bis zur Insel Elba. *Am Patentbusch 14, 26125 Oldenburg, Tel. 0441-48 59 70 oder 0800-588 97 17 (gebührenfrei), www.rueckenwind.de*

S

■ **SKR-Reisen.** Kulturreisen in die Toskana und nach Umbrien, z. B. in kleinen Gruppen durch Pisa, Florenz, Volterra und Livorno. *Venloerstr. 47–53, 50672 Köln, Tel. 0221-93 37 20, www.skr.de*

■ **Studiosus Reisen.** Im Programm neben Dutzenden Studienreisen: Kunst- und Kulturreisen, Wanderwochen und Genusstouren durch die Toskana und Umbrien. *Postf. 50 06 09, 80976 München, Tel. 00800-24 02 24 02 (gebührenfrei), www.studiosus.com*

T

■ **Terra Musica.** Workshops auf einem Öko-Bauernhof im Casentino, z. B. für Gesang, Gitarre, Blas- und Schlaginstrumente; Bandworkshops. *Loc. Il Doccione, I-52010 Biforco, Tel. 0039-0575-51 81 72, www.terramusica.de*

■ **Toscana Photographic Workshop.** Mit renommierten Künstlern, z. B. 30.7.–5.8.17: Porträtfotografie mit Paolo Verzone. *Vicolo Stradellaccio 1, I-40123 Bologna, Tel. 0039-051-33 47 54, mobil 0039-340-554 65 71, www.tpw.it*

■ **Toscana Tours.** Spätsommerlicher Ausflug nach Florenz, Lucca, Montecarlo und Pietrasanta. Mit Wein- und Olivenölproben, Besuch von Märkten und Feinkostläden. *Hüttenwerkstr. 28, 66763 Dillingen, Tel. 06831-4 66 76, www.toscana-tours.de*

W

■ **Wikinger Reisen.** Individuelle oder geführte Wandertouren in der Toskana, in Umbrien und den Marken, z. B. durch die Bergwelt des Garfagnana oder in der Maremma. *Kölner Str. 20, 58135 Hagen, Tel. 02331-90 46, www.wikinger-reisen.de*

■ **WWOOF Italia.** Der Verein vermittelt Freiwillige, die für Kost und Logis auf Öko-Höfen bei der Weinlese oder Olivenernte helfen und am Alltag der Gastgeber teilnehmen. *Via di Casavecchia 109, I-57022 Castagneto Carducci, Tel. 0039-0565-65 76 50 01, www.wwoof.it, Mitgliedsbeitrag WWOOF 35 €/12 Monate*

Sprachschulen

■ **Arci-Pasolini Centro di Lingua e Cultura Italiana.** Italienisch lernen und entspannen: Die Sprachschule liegt direkt am Meer. Zusätzlich Ausflüge, Weinproben, Mal- und Kochkurse. *Bergerstr. 173, 60385 Frankfurt/M., Tel. 069-779969, www.italienisch-in-italien.de*

■ **Centro Italiano Firenze.** In Florenz italienisch lernen und gleichzeitig in die Kultur Italiens eintauchen, z. B. durch Kunst- und Fotografie-Workshops, Atelierbesuche, Wein- und Kochkurse. *Piazza D'Azeglio 20, I-50121 Firenze, Tel. 0039-055-0118558, www.centroitalianofirenze.it*

■ **Centro Koinè.** Einwöchige Italienischkurse in Florenz oder Lucca, verbunden mit Ausflügen, Museumsbesuchen und Kochkursen. Auch Einzel-, Intensiv- und Langzeitkurse. *Borgo Santa Croce 17, I-50122 Florenz, Tel. 0039-055-213881, www.koinecenter.com*

■ **Università per Stranieri di Perugia.** Die renommierte Ausländer-Universität in Perugia offeriert Italienischunterricht kombiniert mit Kunstthemen, aber auch Crashkurse für Kochen, Architektur und Gartengestaltung. *Piazza Fortebraccio 4, I-06123 Perugia, Tel. 0039-075-574 61, www.unistrapg.it*

ABTAUCHEN: Die »Villa San Michele« liegt in den Hängen von Fiesole zwischen Zypressen, Korkeichen und Terrassengärten mit grandiosem Blick über Florenz. Das Herz des Luxushotels ist die klassisch-schöne Renaissancevilla, die Ende des 15. Jh. als Franziskanerkloster erbaut wurde; die Fassade am Eingang wird Michelangelo zugeschrieben. Heute befinden sich dort und in den modernen Nebengebäuden 45 elegante Gästezimmer. Den Blick auf das Arnotal, auf die wunderbare Gartenanlage voller Zitronenbäume und duftender Rosen genießen die Gäste aus beinahe jedem Zimmer, außerdem natürlich von der Bar und vom Restaurant aus, die auf der eleganten Loggia eingerichtet wurden – und vom noch höher gelegenen Pool, der sogar leicht beheizt ist, sodass man dort immer wieder abtauchen möchte.

138 139 *Belmond Villa San Michele, Fiesole, Via Doccia 4, Tel. 055-5678200, www.belmond.com, DZ/F ab 505 €, Anfang Nov. bis Ende März geschl.*

JETZT IM HANDEL

GEO Special SÜDTIROL

Kontrastprogramm in den Alpen:

- Wanderroute Romediusweg
- Insidertipps für Bozen
- Radeln im Weinrevier
- Absteigen: Hütten und Hotels
- Einkehren: Gipfelgenüsse
- Matteo Thuns kühne Bauten
- Klettern lernen mit der ganzen Familie
- Große Karte zum Aufklappen

Jetzt im Handel für 9,50 €

GEO SAISON Extra TRENTINO

Vielfalt in Italiens Norden:

- Städtetipps: Trento und Rovereto
- Seen: alpin oder mediterran
- Genuss: Lokale und Rezepte
- Winzer: die besten der Region
- Hotels: rustikal bis edel
- Für Aktive: Touren und Reviere
- Wintersport: beliebte Pisten

Zu bestellen für 8,50 € (zzgl. Versandkosten) beim GEO SAISON-Kundenservice, Tel. 040-55558990, E-Mail: kundenservice@dpv.de

GEO SAISON Extra

IMPRESSUM

Gruner + Jahr GmbH & Co KG
Am Baumwall 11, 20459 Hamburg
Postanschrift für Verlag und Redaktion:
20444 Hamburg
Tel. 040-37033712, Fax 040-37035680
E-Mail: swiderek.judith@geo.de
Internet: www.geo-saison.de
ISBN: 978-3-652-00702-3

Chefredakteur: Lars Nielsen
Stellvertretende Chefredakteurin: Kornelia Dietrich
Art Direction: Amiyo Ruhnke (FR)
Chefin vom Dienst: Jeanette Langer, Adelheid Molitoris
Geschäftsführende Redakteurin: Maike Köhler
Projektleitung Redaktionsmanagement: Anne-Katrin Gülck
Textredaktion: Ralf Frädtke (FR), Ilona Rühmann (FR)
Bildredaktion: Mareile Fritzsche
Schlussredaktion: Oliver Holzweißig, Adelheid Molitoris, Jan Roidner, Ilka Weihmann
Verifikation: G+J Informationsrecherche
Assistentin der Chefredaktion: Judith Swiderek, Helene Windolph
Honorare/Spesen: Katrin Schäfer

Verantwortlich für den redaktionellen Inhalt: Lars Nielsen

Herausgeber: Andreas Petzold
Publisher: Dr. Gerd Brüne
Publishing Manager: Toni Willkommen
Director Brand Solutions: Daniela Krebs
Director Distribution & Sales: Torsten Koopmann/DPV Deutscher Pressevertrieb
Herstellung: G+J Herstellung, Heiko Belitz (Ltg.), Mario Richter

GEO SAISON ist eine Publikation des *stern*

GEO SAISON-Kundenservice
Abonnements- und Einzelheftbestellung:
DPV Deutscher Pressevertrieb, GEO SAISON-Kundenservice
20080 Hamburg, Kundenservice:
Tel. 040-55558990,
Fax 01805-8618002*, Mo–Fr 7.30 bis 20 Uhr, Sa 9 bis 14 Uhr (persönlich erreichbar),
E-Mail: GeoSaison-Service@guj.de
Geo-Kundenservice: www.GEO.de/kundenservice
Preis Jahresabonnement:
45,00 € (D) / 52,50 € (A) / 85,20 CHF (CH)
Preise für weitere Länder auf Anfrage
Verantwortlich für den Anzeigenteil:
Daniela Krebs, G+J e|MS, Am Baumwall 11, 20459 Hamburg. Es gilt die jeweils gültige Preisliste. Infos hierzu unter: www.gujmedia.de
Bankverbindung: Deutsche Bank AG, Hamburg, Konto 032280000, BLZ 20070000, IBAN DE30200700000032280000, BIC DEUTDEHH

* 14 Cent pro Minute aus dem deutschen Festnetz
Reproduktion: Michael Doll, 4mat Media, Hamburg
Druck: Neef + Stumme, premium printing, Wittingen
Printed in Germany

BILDNACHWEIS

(nach Seiten, Anordnung im Layout: l. = links, r. = rechts, o. = oben, M. = Mitte, u. = unten)

Titel: Francesco Riccardo Lacomino/AWL Images Ltd
Editorial: Peter Rigaud: 3 o. r.; Privat: 3 o. l. und u.(3)
Inhalt: Francesco Caravillano/SIME/Schapowalow: 4 o. l.; Stefano Scatà: 4 M. l. und M. r., 5 u. r.; Rosa Pelzer: 4 u.; Christian Kerber: 5 o. l.; Luca da Ros/SIME/Schapowalow: 5 o. r.; Fabio Muzzi: 5 u. l.; Mondadori Portfolio/Getty Images: 5 u. M.
Primi Piatti: PR-Foto: 8(2); Stefano Scatà: 9; Firenze „Yes Please" Pucci Archives: 10 o.; Alessandra Moggi: 10 M.; PR-Foto: 10 u.(2); Jacopo Carli: 11 o.; Bildagentur online/Agentur Yay/Gallo: 11 u. l.; PR-Foto: 11 u. M.; Lorenzo Settimi: 12 o.; IStock Photo/Getty Images: 12 M.; Carlo Pietrarossi: 12 u.; Lorenzo Breschi: 13; Stefano Scatà: 14; Mauro Davoli: 15 o. und M.; PR-Foto: 15 u.(2); Enrico Caracciolo: 16 o.; PR-Foto: 16 u.; PR-Foto: 17
Bildessay: Francesco Riccardo Lacomino/AWL Images Ltd: 18/19; Stefano Cellai/SIME/Schapowalow: 20; Stefano Scatà: 21–24; Stefano Scatà/SIME/Schapowalow: 25; Francesco Carovillano/SIME/Schapowalow: 26/27
Interview: Philippe Matsas/Opale/Leemage/laif: 29; Guido Cozzi/Atlantide Phototravel/Getty Images: 30
Pistoia: Christian Kerber: 32–43, 45 o.; Torso anni20/ Martini, Marino/VG Bild-Kunst 2017 und Bagnante, 1996/Martini, Marino/VG Bild-Kunst 2017: 43; Fattoria di Celle – Collezione Gori: 45 u.
Gucci: Riccardo Giordano/Empics/INTERTOPICS: 46/47; Estrop/Getty Images: 48 o. l., M. r. und u. l.; Pietro D'aprano/Getty Images: 48 o. r.; Guiseppe Cacage/AFP/Getty Images: 48 M. l. und u. r.; Pixelformula/SIPA/Action Press: 49; Reporters Associati & Archivi Montadori Portfolio/Getty Images: 51; Picture Alliance/Everelt Collection: 53 o. l.; Picture Alliance/dpa: 53 o. r.; Pascal Sittler/REA/laif: 53 M. l.; Picture Alliance/UPI: 53 M. r.; Olycom S.P.A./Action Press: 53 u., 55
Restaurant: Stefano Scatà: 56–64
Rezepte: Stefano Scatà: 66–73; PR-Foto: 74/75(7)
Wer wohnt da?: Fabio Muzzi: 76–81
Hotels: PR-Foto: 82; Ilaria Costanzo: 83; PR-Foto: 84; Sandro Chia, Le Bagnanti/Alexander Museum/Palace Hotel: 85; Stefano Scatà: 86, 87 u.(2), 88 o.(2), 91 u.(2); Alessandro Moggi: 87 o.; PR-Foto: 88 u.; PR-Foto: 89; PR-Foto: 91 o.
Agenturen: Guido Cozzi/Atlantide Phototravel: 92/93
Bank: AFP/Getty Images: 94; Rabalti & Domingie/akg-images: 96; World History Archive/Alamy Images: 97; Bloomberg/Getty Images: 98 o.; Imago: 98 u.
Wein: Christian Kerber: 100–106
Preisrätsel: Roberto Bonardi: 108/109(4)
Autoroute: Illustrationen: Amiyo Ruhnke: 111–115; Fotos: Shutterstock: 110; Guido Cozzi/SIME/Schapowalow: 113 o.; Alamy Images: 113 u. l.; Massimo Borchi/Bildagentur Huber: 113 u. r.; Fotolia: 114 o.; Hans-Peter Siffert/weinweltphoto.ch: 114 u.(2); Stefano Amantini/Schapowalow: 117
Bücher: Rosa Pelzer: 118/119(13)
Homestory: Fotos: Nathalie Krag/Taverne Agency, Produktion + Text: Tami Christiansen: 120–125
Kreativreisen: Stefano Scatà: 126
Camera con Vista: PR-Foto: 128

KARTEN: Stephan Hauf
Pistoia: 44
Poster: Huber Kartographie, München, Stephan Hauf. Zum Heraustrennen auf Seite 130